◎国学讲读·现代插图版

谜语讲读

益智博闻　养性养生

黎孟德 ◎ 著

上海图书馆
上海科学技术文献出版社

图书在版编目（CIP）数据

谜语讲读：现代插图版/黎孟德著. —上海：上海科学技术文献出版社，2011.1
（国学讲读丛书）
ISEN 978-7-5439-4548-7

Ⅰ.①谜… Ⅱ.①黎… Ⅲ.①谜语-中国-通俗读物
Ⅳ.①I207.7-49
中国版本图书馆CIP数据核字（2010）第215459号

责任编辑：张　树
封面设计：周　明

谜语讲读

黎孟德 著

*
上海科学技术文献出版社出版发行
（上海市长乐路746号　邮政编码200041）
全国新华书店经销
成都艺杰企业策划设计有限公司制作
四川机投印务有限公司印刷
开本240×170mm　1/16　印张 12.75　字数150 000
2011年1月第1版　2011年1月第一次印刷
ISBN 978-7-5439-4548-7
定价：20.00元
http://www.sstlp.com

弁言/施维

谈到国学,不能不谈到孔子。孔子在《论语》中的第一句话是:

学而时习之,不亦乐乎?

这句话在中国妇孺皆知,只不过这个"皆知",还停留在表面的字义上。关于学习,天才学者刘咸炘在《推十书》中曾经精辟地说道:

何以为学?学为人也。千万年,千万人,唯此一事而已。

把锤炼品格、为人处世作为了学习和培养人才的第一要务。可惜多数人的学习,是从书本到书本,缺乏在实践中反观批判的功夫,难以找到"学而时习之"的快乐。

但是,孔子这句话确实是读书乃至修身齐家治国平天下的不二法门。可惜知之者少,行之者更少,以致千百年来这句被无数师长用来教导学生用功但不太管用的名言,被大大地"浅读"了。

孔子的学生大多是栋梁之才,夫子因材施教,《论语》中的很多地方都在谈做人的智慧、行为的准则、行走社会的本事。这智慧、这本事在学习中获得,又在实践中反复体悟到了,就得到了"兼善天下"的平台,人生的价值最大化,这难道不是很快乐的事吗?所以宋初名臣赵普说"半部《论语》治天下"(见罗大经《鹤林玉露》),诚非虚言。

漫漫黑夜两千年,或许让孔子满意的正解终于在明代正德年间出现了,诠释者的名字叫王守仁,号阳明子。阳明先生在很长一段时间一直搞不懂为什么读书人不能解决实际问题,为什么反复学习圣贤经典却找不到齐家治国平天下之道?最后在龙溪悟道,找到了他认为畅行天下的智慧:

知行合一

靠着这个"知行合一",阳明先生成为了当时最能解决疑难国事的大吏、最能打胜仗的统帅、最具人气和创新精神的哲学家。

"学而时习之"与"知行合一"相表里,孔子和王阳明强调的重点都在学习与实践的结合,他们一再强调正确者行之,错误者改之,在实践中体悟做人的道理,运用做事的智慧。但人非圣贤,古往今来真正能够践行者极少,否则为什么芸芸众生大都被性格决定了命运?

但"学而时习之"与"知行合一"又是极简单的道理,只要下定决心,不怕困难(不怕牺牲就免了),排除万难,努力去做,我们就会终身受益,就像今年我国的达人冠军刘伟坚毅地说"他们能我也能(大意)"并持之以恒地做一样。

沉淀了几千年的国学的菁华是可以给予我们智慧、陶冶我们心性、调和我们气韵、改善我们生活的,如果你想自己和子女成为一个底蕴深厚的人、一个豁达机智的人、一个脱离了被性格主宰命运的人,读点国学,汲取精华,躬身践行,必然大有裨益。但目前汗牛充栋的国学读本可谓正读与误解并存,链接与抄袭齐飞,读者和家长对国学读本的选择就至关重要了。

《国学讲读》书系,每一种皆为学术根底深厚并富有识见才情的学者原创,历时四年,五易其稿,形式新颖,视野开扩,内容丰富,针对性强,极便阅读和教学,是目前国学普及读本中不可多见的上乘佳作。其中主要作者黎孟德教授,是国学大师屈守元先生高足、当代极富才艺并甘于寂寞的学者之一,其沉潜国学之深广,解说作品之精辟,诚为读者不可多得的良师;李尚信先生,师从当代巨儒刘大钧先生,是教育部重点研究基地山东大学周易研究中心教授,对《周易》卦序的研究是"迄今为止""最好的两个推导方法"之一(清华大学教授、国家"夏商周断代工程"首席科学家李学勤先生评语);谢正强博士,大学阶段接受化学科学方法训练,后转入道家道教研究,践行道家修身养性之道,理法并重,推崇持之以恒、行之有效、养心养性的自在人生。

我一直期待有一套通透而睿智、优美而易懂、切实而有利今用的国学读本,为青年,为家长,为读者,《国学讲读》书系的出版,或可当焉。

2010年12月20日　于成都乾元斋

目录

灯谜常识

003 谜的历史
003 先秦时期的谜语
009 两汉时期的谜语
017 魏晋南北朝时期的谜语
021 隋唐时期的谜语
024 宋代的谜语
027 金元时期的谜语
030 明代的谜语
033 清代的谜语
037 近现代谜语

039 谜语与灯谜
039 谜语
041 灯谜
042 谜语和灯谜的区别

048 谜语的结构
048 谜语的基本结构
050 常用谜格

062 灯谜的规则
062 灯谜的基本要求
067 灯谜的禁忌

072 特殊形式的谜语
072 外文谜
073 汉语拼音谜
073 数字谜
074 印章谜
075 画谜
076 棋谜

怎样制谜

079 **制谜的基本要求**
083 **制谜的步骤**
083 择底

①

084 定目
086 制面
090 择格
091 **制谜的要领**

怎样猜谜
097 **猜谜的基本条件**
101 **猜谜的具体方法**
102 正面会意
103 反面会意
104 别解
105 离合
105 增损
106 象形
107 问答
107 用典
109 承启
109 漏字
110 求对

谜语趣话
113 **谜语趣话**
113 最早的谜语
114 无盐为后
115 庄姬以鱼龙谏楚王
115 上林献枣
116 夫出半月还
117 "谜"字的创制人鲍照
118 北魏孝文帝柏梁体诗谜
119 侯白谜趣
120 松树与槐树
121 武则天智破青鹅谜
121 李白赋诗赠名

122 嘲姓名
123 大明寺水天下无比
125 王吉甫巧解"日"字谜
126 精彩绝伦的墨斗谜
128 东坡长亭诗谜
128 苏东坡与佛印
129 东坡戏恶僧
130 为杜诗补字
131 晶饭与毳饭
132 词女之夫赵明诚
133 猜谜罚酒
133 祝枝山评文
134 以人与物为谜
134 徐文长的谜语
135 乾隆联谜赠寿星
136 纪晓岚题匾戏和珅
137 口大吞天

138 **古小说中的谜语**
138 古小说中的谜语概说
139 《镜花缘》中的谜语
144 《红楼梦》中的谜语
154 《二十年目睹之怪现状》中的谜语

159 **近代谜趣**
159 鲁迅与谜语
160 夏明翰以谜斥敌
161 端木蕻良《红楼梦》谜

佳谜赏析
165 古今佳谜赏析
171 孟德佳谜赏析

孟德制谜
179 字谜

184 成语谜
185 词语谜
185 人名谜
186 《三国演义》人名谜
186 《水浒传》人名谜
187 《红楼梦》人名谜
187 《聊斋志异》篇名谜
188 《西厢记》谜
190 词牌名谜
191 曲牌名谜
192 唐诗名句谜
192 歌名、书名、影视剧名谜
193 中药名谜
194 地名、国名谜
194 其他类谜

灯谜常识

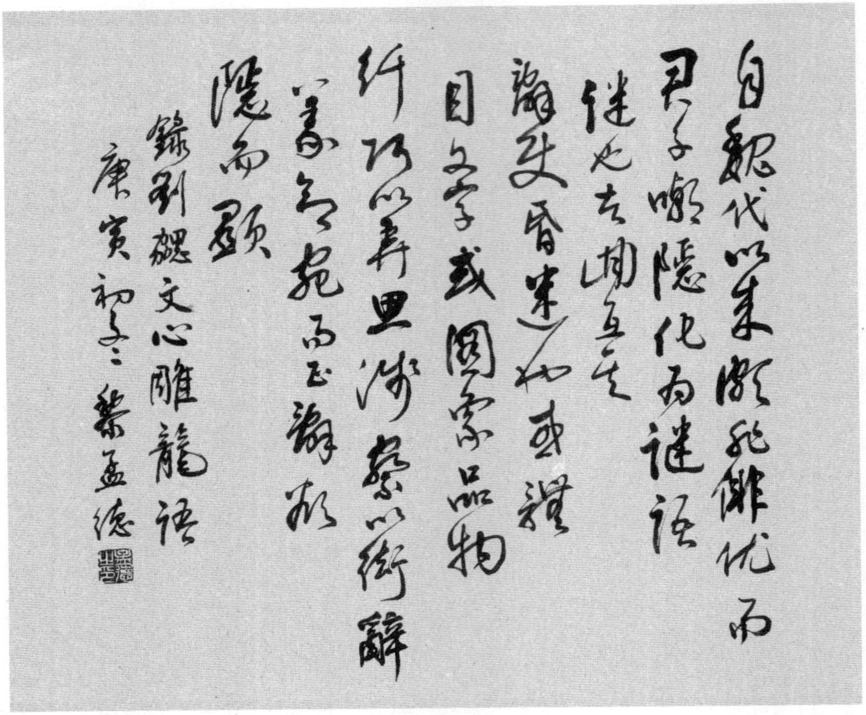

自魏代以来颇非俳优,而
君子嘲隐化为谜语。
谜也者,回互其辞,
使昏迷也。或体目文字,
或图象品物,
纤巧以弄思,浅察以衒辞,
义欲婉而正,辞欲隐而显。

录刘勰文心雕龙语
庚寅初冬 黎孟德

黎孟德 《文心雕龙·谐隐》（节录）

 **谜的历史**

先秦时期的谜语

猜谜是一项健康有益而又饶有趣味的文化娱乐活动，千百年来，一直受到我国和世界人民群众的喜爱，直到今天，它仍然是人们喜闻乐见的一种高尚娱乐形式，被广泛应用于生活、教育、庆典等活动中。

在我国，谜语的历史可谓源远流长，有文字记载，早在距今三千多年前的春秋战国时期，谜语就已经出现，它产生的历史，应该还可以追溯得更早。

现在一般认为，最早的谜语是《吴越春秋》上那首《弹歌》和《周易·归妹·上六》的爻辞。

我们先来看一看《弹歌》：

断竹，续竹，飞土，逐肉。

用简短的八个字，把砍伐竹子，制作弹弓，然后猎取鸟兽的过程非常生动形象地描述出来了。

我们再看一看《周易·归妹·上六》的爻辞：

女承筐，无实；士刲羊，无血。

为什么"女承筐"，拿着筐去盛东西，又会"无实"呢？因为她盛的是剪下来的羊毛，很轻，就是没有东西一样。为什么"土刲羊"，又没有血流出来呢？原来这位牧人是在剪羊毛。

可以说，这两条资料都已经具备了谜语的一些因素，比如不直接描述，而是"回互其辞"（《文心雕龙·谐隐》），即含糊其词，让人不易一下子猜着。但是，它们又不算是严格意义上的谜语，因为它们都缺少谜语必备的一个重要因素。谜语虽然隐晦其词，但一定是要让人猜

出结果的，也就是说，它一定要有一个"谜底"。而《弹歌》和《周易·归妹·上六》爻辞显然没有这个要求，它们只是在对两种劳动生产的情况作客观描述，所以，有人称它们是谜语的"胚胎"。

如果要寻找这个"胚胎"，我们完全可以把时间追溯得更早。

我国文字的产生，大概是在夏、商时期，从现在可以见到的最早文字甲骨文看，已经具备了后人称之为"六书"的六种基本方法，即象形、指事、会意、形声、转注、假借。其中指事和会意都具有"谜"的性质，尤其是会意字。

比如"采"字，篆书作"采"，上面是个"爪"，也就是手，下面是个"木"。把手放在木上干什么呢？当然是采摘果实。

再比如"灾"字，篆书作"灾"。上面的"宀"，是房屋的意思。房子里都是火，当然就是"灾"了。

再比如"莫（暮）"，篆书作"莫"，太阳已经落到草中间了，当然就是"莫（暮）"了（"莫"是"暮"的本字，"暮"是后起字）。

再比如"牧"字，篆书作"牧"，前面是一头牛，后面是一支拿着棍子的手，当然就是放牧的意思了。

这样的例子是举不胜举的，当然，这不是谜语，仍然只能算是谜语的"胚胎"。

有文字记载的谜语，大概出现在周代。春秋战国时期，谜语被称作"廋（sōu，音搜，隐藏）词"或"隐语"，就是把真实的意思（谜底）隐藏起来，让人去猜。在《国语·晋语五》上记载了这样一个故事：

范文子莫（暮）退朝。武子曰："何莫也？"对曰："客廋辞于朝，大夫莫之能对也，吾知三焉。"武子怒曰："大夫非不能也，让父兄也。"……击之以杖，折委笄。

有一天，晋国范武子的儿子范文子很晚才退朝回家，范武子就问他为什么回来得这么晚。范文子很得意地说："今天有秦国来的客人，在朝廷上出廋辞让大家猜，那些大夫都猜不出来，而我猜中了三条。"范武子觉得儿子太不谦虚，就责备他说："那些大夫不是猜不出来，而是互相谦让，你去出什么风头！"范武子越说越生气，就用拐杖去打范文

黎孟德 插图

子的头,把他头上的簪子都打断了。

这是很有名的一个故事,可惜的是"秦客廋辞"的具体内容没有被记载下来。

《左传》宣公十二年记载了这样一个故事:

冬,楚子伐萧……还无社与司马卯言,号申叔展。叔展曰:"有麦麹乎?"曰:"无。""有山鞠穷乎?"曰:"无。""河鱼腹疾奈何?"曰:"目于眢井而拯之。""若为茅絰,哭井则已。"

明日,萧溃。申叔视其井,则茅絰存焉,号而出之。

公元前597年,楚国发兵攻打萧国。楚国是大国,萧国是小国,萧国必败无疑。萧国的大夫还无社向朋友申叔展求救,他请司马卯把申叔展叫到城下。但是两军对垒中,申叔展不敢明言,众目睽睽之下,既要让还无社听懂,又不能让旁人明白,他只好用隐语对还无社说。"麦麹"是用麦子做的酒曲;"山鞠穷"即"山芎穷",是一种药材,这两种东西都有御寒防潮的作用,意思是叫还无社躲进泥水中,可以得救。但是还无社没有听懂,所以回答说没有。申叔展只好再用"河鱼腹疾奈何"隐言如果象河里的鱼一样久在水中,没有防潮御寒之药,就会因受凉而得病。这一下还无社才听懂了,他对申叔展说,他准备躲进一口枯井中。申叔展又叫他在井边放上用茅草编织的带子作记号，听到有人在井边哭再出来。第二天，萧国果然被攻破了，申叔展找到那口有茅草带子的枯井，把还无社救了出来。

这是一则很有名的隐语故事。

《左传》哀公十三年记载了这样一个故事：

> 吴申叔仪乞粮于公孙有山氏曰："佩玉蕊兮，余无所系之；旨酒一盛兮，余与褐之父睨之。"对曰："粱则无矣，粗则有之。若登首山以呼曰：'庚癸乎？'则诺。"

公元前482年，吴国大夫申叔仪因为吴王不体恤臣下，所以向鲁国大夫公孙有山求借粮食。因为他们是老朋友，所以公孙有山答应借给他。但是，公孙有山在军队中服役，按规定是不准把军粮借出去的，他就对申叔仪说，只要他登上首山，大声地呼喊"庚癸"，自己就知道了，会把粮食给他送来。按照中国五行的说法，天干地支中的"庚"属西方，主秋，含有收获的意思，代表粮食；"癸"属北方，主冬，代表水。"庚癸"合起来，就隐粮食和饮料。

后来刘勰《文心雕龙·谐隐》中说："昔还社求拯于楚师，喻眢井而称麦麹；叔仪乞粮于鲁人，歌珮玉而呼庚癸。"说的就是这两件事。

古书中记载"隐语"的地方很多。《韩非子·喻老》说："右司马御座而与王隐。"《史记·滑稽列传》载："齐威王之时喜隐。"刘勰《文心雕龙·谐隐》说："楚庄、齐威，性好隐语。"

楚庄王、齐威王好隐，说的都是"一飞冲天""一鸣惊人"的故事。

《韩非子·喻老》记载：

> 楚庄王莅政三年，无令发，无政为也。右司马御座而与王隐曰："有鸟止南方之阜，三年不翅，不飞不鸣，嘿然无声，此为何名？"王曰："三年不翅，将以长羽翼；不飞不鸣，将以观民则。虽无飞，飞必冲天；虽无鸣，鸣必惊人。子释之，不穀知之矣。"处半年，乃自听政。所废者十，所起者九，诛大臣五，举处士六，而邦大治。举兵诛齐，败之徐州，胜晋于河雍，合诸侯于宋，遂霸天下。

荀子像

　　这位楚庄王，是著名的春秋五霸之一。但是，他即位以后，三年都没有作为，他的右司马就给他说了一个隐语，楚庄王听懂了，右司马所说的那只三年不飞不鸣的大鸟就是指自己，他说这只大鸟"飞必冲天""鸣必惊人"，果然，他励精图治，成了五霸之一。这个故事也见于《吕氏春秋·重言》和《史记·楚世家》。

　　这个故事又附会在齐威王身上。

　　《史记·滑稽列传》载：

　　　　淳于髡者，齐之赘婿也。长不满七尺，滑稽多辩，数使诸侯，未尝屈辱。齐威王之时喜隐，好为淫乐长夜之饮，沉湎不治，委政卿大夫。百官荒乱，诸侯并侵，国且危亡，在于旦暮，左右莫敢谏。淳于髡说之以隐曰："国中有大鸟，止王之庭，三年不蜚（飞）又不鸣，王知此鸟何也？"王曰："此鸟不飞则已，一飞冲天，不鸣则已，一鸣惊人。"于是乃朝诸县令长七十二人，赏一人，诛一人，奋兵而出。诸侯振惊，皆还齐侵地，威行三十六年。

　　这个齐威王也是一个"喜隐"之人，所以淳于髡也用了这个"隐语"来激发他。

　　战国晚期，儒家学派的荀子写了五篇咏物小赋，它们是《礼》《知》《云》《蚕》《箴（针）》五赋，都采用民间事物谜的形式，用"隐语"的方式，把云、蚕、箴等的特点描绘出来，最后揭出谜底，而且说明理由。比如《蚕赋》：

　　　　有物于此，㒩㒩兮其状，屡化如神，功被天下，为万世文。礼乐以成，贵贱以分，养老长幼，待之而后存。名号不美，与暴为邻。功立而身废，事成而家败。弃其耆老，收其后世。人属所利，

屈原像

鎏金铜蚕

汉代官印

飞鸟所害。臣愚不识,请占之五泰。

五泰占之曰:此夫身女好而头马首者与?屡化而不寿者与?善壮而拙老者与?有父母而无牝牡者与?冬伏而夏游,食桑而吐丝,前乱而后治,夏生而恶暑,喜湿而恶雨,蛹以为母,蛾以为父,三俯三起,事乃大已,夫是之谓蚕理。

软软的身子,马首一样的头,多次变化(蜕皮、变蛹、化蝶)但寿命不长,冬伏夏游,食桑而吐丝,生在夏季却怕暑热,喜欢潮湿但又怕雨,蛹是它的母亲,蛾是它的父亲,大家一听就都明白了,这是蚕。所以后来《文心雕龙·谐隐》说:"谜也者,回互其词,使昏迷也……荀卿《蚕赋》,已兆其体。"

另一位与谜语有关的人是屈原。

古人以谜的形式隐姓名,一般都认为起于东汉时《越绝书》。《越绝书》的作者把自己的姓名、籍贯等编成字谜,附在《后序》之中,直到明代杨慎才将其破解。

其实以隐语的形式隐姓名的,最早的是战国时期的爱国主义诗人屈原,他在《离骚》中,用隐语的方式记载了自己的名字,诗中写道:

皇览揆余于初度兮,肇锡(赐)余以嘉名。名余曰正则兮,字余曰灵均。

王逸《章句》说:"正,平也。则,法也。灵,神也。均,调也。言正平可法则者,莫过于天;养物均调者,莫神于地。高平曰原。故父伯庸名我为平以法天,字我为原以法地。"意思是说,我的父亲看见我的生日时辰很好，于是就给我取了很好的名字。我的名是"平"，我的字是"原"。"平"和"原"两个字，就隐在"正则"和"灵均"中。这也可以算是我们见到的最早的字谜之一了。

两汉时期的谜语

到了汉代，出现了一种猜谜方式的娱乐活动——射覆。"覆"是把要猜的东西藏在覆扣着的盆碗一类的容器下面，在这里就指藏起来的东西。"射"就是猜。猜的人往往用卜筮一类的办法，带有神秘性，还不能算作猜谜。说它是谜的发展，是因为猜的人一般不直接说出谜底，而是以"隐语"的形式表达。汉武帝就很喜欢这种游戏，经常叫大臣陪他玩。当时的著名文学家东方朔就善于射覆，有一次，汉武帝把一只守宫（壁虎一类的动物）藏在盆下让大家猜。大臣们猜了好几次都没有猜中，轮到东方朔，他说：

> 臣以为龙，又无角；谓之蛇，又有足。跂跂脉脉善缘壁，是非守宫即蜥蜴。

汉武帝很高兴，赏赐给东方朔十匹绢帛。

东方朔的话，就是一条很好的谜语，只不过他自己把谜底说出来了。前两句是描述守宫的外形特点：像龙，但是没有角；像蛇，但是有足。单凭这两句，我们已经可以猜出是蜥蜴一类的动物了，但他又加了一句，说它有善于爬壁的生活习性，意思就更明白了。然后，东方朔点出谜底是守宫或蜥蜴。

《汉书·东方朔传》还记载东方朔与郭舍人用谜语斗智的故事。

东方朔猜中守宫以后，一个叫郭舍人的宫中侍臣不服气，要与东方朔比赛一番。他先出了一个隐语：

> 客来东方，且歌且行。
> 不从门入，逾我园墙。
> 游戏中庭，出入殿堂。
> 击之拍拍，死者攘攘。
> 格斗而死，主人不伤。

这个谜当然难不倒东方朔，他一听，就知道谜底是"蚊子"，但是他并不直接说破，而是也用隐语回答：

利喙细身，昼匿出昏。
嗜肉恶烟，指掌所扪。
臣朔愚戆，名之曰蚊。

应该说，郭舍人的隐语是很高明的，尤其是"且歌且行"描写蚊子飞动时"嗡嗡嗡"的声音，和"格斗而死，主人不伤"，写蚊子叮人，被人打死，而人决不会受伤的情况，非常传神。东方朔的隐语没有郭舍人的生动，但是更准确。这两条隐语和今天的谜语已经很相似了。

据说郭舍人输了以后，汉武帝根据事先商定的条件，打了郭舍人一百大板。东方朔在旁边看见郭舍人被打肿了屁股，就嘲笑他说："咄！口无毛，声嗷嗷，尻益高！"意思是说，你这个郭舍人，嘴上无毛，还嫩得很，现在怎么样，被打得嗷嗷直叫，屁股肿得老高了吧。

郭舍人气急败坏地对汉武帝说："东方朔侮辱陛下的侍臣，该治他的罪。"

东方朔不慌不忙地说："我哪里敢侮辱陛下的侍臣，我是在出隐语让他猜。"

汉武帝问他隐语的内容，东方朔说："'口无毛'是狗洞；'声嗷嗷'是母鸟喂食小鸟；'尻益高'是仙鹤啄米。"

汉武帝本来就没有责怪东方朔的意思，见他说得有理，便一笑置之。

东汉末年的管辂也善射覆，据《三国志·魏书·管辂传》记载，在一次在为诸葛原迁官的送行宴会上，诸葛原亲自取来燕卵、蜂窠、蜘蛛三样东西，放在容器中，叫管辂射覆。管辂说：

第一物，含气须变，依乎宇堂，雄雌以形，翅翼舒张，此燕卵也。第二物，家室倒悬，门户众多，藏精育毒，得秋乃化，此蜂窠也。第三物，觳觫长足，吐丝成罗，寻网求食，利在昏夜，此蜘蛛也。

管辂说明三样东西，用的就是类似于谜语的"隐语"。

宋徽宗赵佶 《芙蓉锦鸡图》

　　第一样燕卵。"含气须变",指得到温暖之气,会孵化出小燕子;"依乎宇堂",指燕子爱筑巢在房屋的梁上。这两句,已经可以说明燕卵的特征了。后两句再补充说,燕卵孵化以后,变成或雄或雌的燕子,展翅飞翔。

　　第二样蜂窠。"家室倒悬,门户众多",已经非常形象地描绘出了蜂窠的外部特征。古人认为蜂虿有毒,所以说蜂窠"藏精育毒"。

　　第三样蜘蛛。"觳觫"是发抖的意思,蜘蛛在蛛网上常常在抖动,"长足"更是蜘蛛的特征之一。"吐丝成罗"一句,已经完全把蜘蛛的形象描绘出来了。吐丝的动物很多,但是吐丝成罗状的大概就只有蜘蛛了。"寻网求食",是蜘蛛的习性;"利在昏夜",是黄昏和夜晚小虫出没最勤的时候,也是蜘蛛捕食的最好时机。

　　管辂还在平原太守的家中覆射印囊和山鸡毛说:

　　　　内方外圆,五色成文,含宝守信,出则有章,此印囊也。高岳崔崔,有鸟朱身,羽翼玄黄,鸣不失晨,此山鸡毛也。

　　"印囊"是古代官员盛放印信的东西,"内方外圆"是它的外形,

(晋)王羲之《曹娥碑》

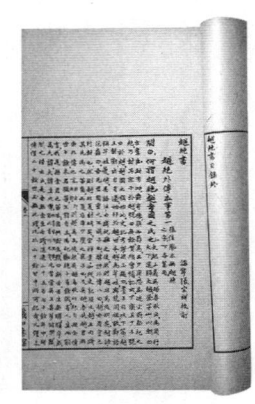
《越绝书》

"五色成文"是它的色彩。"守宝含信"是它的作用,"宝"和"信"都指"印",在古代,"印"是做官的凭信。"章"就是"印章"。

"高岳崔崔"是山鸡生活的地方;"有鸟朱身"是山鸡的色彩;"玄黄"指色彩多变;"鸣不失晨"指它像鸡一样在清晨鸣叫。

我们上举的隐语,是以描写事物特征为主的事物谜,在汉代,还出现了以文字的形和义为主的文义谜。

文义谜充分利用方块汉字一般都可以分拆为几个部分的特点,将一些字拆散,增损部分结构,再把它们重新组合起来,这种利用中国文字特有的可以拆分的特点来制谜,被称为"离合体",在汉代非常流行。

最有名的离合谜的故事,恐怕要算《曹娥碑》的题词了。

相传汉代末年,上虞(今浙江上虞)地方有一个姓曹的人落水淹死了,她的女儿曹娥为寻找父亲的尸体,投江自尽,后来,曹娥的尸体果然驮着父亲的尸体浮出水面。为了表彰她的孝行,人们在江边立了一块碑,就是有名的《曹娥碑》,碑文是一个十几岁的天才少年邯郸淳撰写的,写得非常好。大文学家蔡邕看了以后,写下了"黄绢,幼妇,外孙,齑臼"八个字。这八个字被刻在碑阴。大家都不知道这八个字的意思。后来曹操看到《曹娥碑》和这八个字,遍问手下的人,大家也都不明白,只有杨修说他知道。曹操叫他先不要说,自己再想一想。当走了三十里路以后,曹操终于想出来了。他就叫杨修说他猜出的结果。杨修说:"黄绢,是有颜色的丝,'纟'和'色'合成'绝'字;幼妇,就是少女,'少'和'女'合成'妙'字;外孙,是女儿的儿子,'女'和'子'合成'好'字;齑,是捣碎的大蒜一类的菜酱,味辛辣,臼,就是舂捣的工具,所以经常接受到辛辣的气味,'受'和'辛'合成

'䛐'（古'辞'字）字。连起来，就是'绝妙好辞'。"曹操也猜出来了，但是他感叹说："我的才能不及你，差了三十里远。"后来，这种形式的谜被称为"曹娥体"，被当成文义谜的开山之作。

《世说新语·捷悟》还记载了曹操和杨修制谜猜谜的有趣故事。

有一次，曹操要重修丞相府的大门，木匠已经把门框架子搭好了。曹操走来看了一下，一句话都没有说，只拿笔在门上写了一个很大的"活"字就走了。大家都不知道是什么意思，杨修看见以后，就叫木匠把架子拆了重修，把门改小一点。有人问他怎么知道，他说："丞相是嫌门太大了，所以在门上写了一个'活'字。'门'字中间一个'活'字，不是一个'阔'字吗？"门改小了以后，曹操果然很满意。

还有一次，有人送了曹操一盒酥饼。曹操尝了一口，在盒子上写了一个"合"字就走了。大家都不知道是什么意思，杨修就让大家把酥饼分吃了。大家当然不敢，杨修就说，这是丞相的意思，"合"不就是"人一口"吗？

当然，杨修过分外露的聪明，最终给他招来了杀身之祸。

屈原以隐语的形式把自己的姓名写在诗中，此后，效法的人很多，汉代最有名的，可能是《越绝书》的作者袁康和"建安七子"之首的孔融了。

《越绝书》是记载春秋时吴越历史、地理等的重要典籍，但它的成书时间和作者是谁，一直没有定论，习惯的说法是东汉时袁康所著。

《越绝书》的作者把自己的姓名、籍贯等编成字谜，附在《后序》之中。《序》文是这样的：

以去为姓，得衣乃成。厥名有米，复之以庚。禹来东征，死葬其乡。不直自斥，托类自明。文属词定，自于邦贤。以口为姓，承之以天。楚相屈原，与之同名。

这个谜一直没有被破解，直到明代，大学者杨慎才把它解读出来。他的解读是这样的："以去为姓，得衣乃成"，"去"字合"衣"字，是一个"袁"字（"袁"字的异体字写作"裏"）。"厥名为米，复之以庚""米"合"庚"，是一个"康"字。"禹来东征，死葬其乡"，禹死于会稽，说作者的籍贯是会稽。"不直自斥，托类自明"，不直接

建安七子像

陈胜吴广起义

写出作者的姓名、籍贯，托隐语的形式使后人明白。"文属词定，自于邦贤"，指并非一人所作。"以口为姓，承之以天"，"口"在"天"上，是一个"吴"字。"楚相屈原，与之同名"，屈原名平，是说与吴平合著。合起来就是《越绝书》是"会稽袁康与吴平合著"。

建安时期的孔融，字文举，是孔子的二十世孙，官北海太守。他是著名的"建安七子"之首，后来被曹操所杀。他有一首《郡国姓名离合诗》，在灯谜界被尊为文人诗谜的开山作。诗是这样的：

渔父屈节，水潜匿方；
与时进止，出行施张。
吕公饥钓，阖口渭旁；
九域有圣，无土不王。
好是正直，女回予匡；
海外有截，隼逝鹰扬。
六翮不奋，羽仪未彰；
龙蛇之蛰，俾也可忘。
玟璇隐曜，美玉韬光。
无名无誉，放言深藏；
按辔安行，谁谓路长？

表面上看，是一首言志的诗，其实是分扣"鲁国孔融文举"六字。"渔夫屈节，水潜匿方"，"渔"字去"水"，是一个"鱼"字。"与时进止，出寺弛张"，"时"字去"寺"，是一个"日"字。"鱼"字和"日"字合成一个"鲁"字。

"吕公矶钓，阖口渭旁"，"吕"字去一个"口"，还剩个"口"字。"九域有圣，无土不王"，"域"字去掉"土"字，是个"或"字。"口"字和"或"合成个"国"字（"国"字的繁体的作"國"）。

"好是正直，女回于匡"，"好"字去掉"女"字，是个"子"字。"海外有截，隼逝鹰扬"，"截"字汉碑常常作"𢦔"，去掉"隼（佳）"，剩个"乚"。"子"与"乚"合成"孔"字。

"六翮将奋，羽仪未彰"，"翮"字去"羽"，剩下个"鬲"字。"龙蛇之蛰，俾它可忘"，"蛇"字去掉"它"字，剩"虫"字。"鬲"字与"虫"字，合成"融"字。

"玟璇隐曜，美玉韬光"，"玟"字去"玉"，是个"文"字。

"无名无誉，放言深藏"，"誉"字繁体作"譽"，去掉"言"字，剩下个"與"字（就是繁体的"与"字）。"按辔安行，谁谓路长"，"按"字去掉"安"字，剩下个"扌"，也就是"手"字。"與"字与"手"字，合成"擧"字（"举"字繁体作"舉"也作"擧"）。

全部合起来，就是"鲁国孔融文举"。

这种离合折字的方法，甚至还被用在外交辞令之中。

据《三国志·吴书·薛综传》记载，有一次蜀国的张奉出使东吴，他在吴国君臣面前嘲弄了吴国尚书阚泽的姓名。阚泽回答不上，于是薛综下座行酒，对张奉说："蜀者何也？有犬为独（獨），无犬为蜀，横目勾身，虫入其腹。"这虽然是文字游戏，但，却是极尽讽刺挖苦之能事。张奉无言以对，只好对薛综说："那你说说'吴'字吧。"

薛综回答说："无口为天，有口为吴。君临万邦，天子之都。"张奉听了，半天说不出话来。

自汉代兴起的谶纬说，是从先秦的天人感应学说和董仲舒的天人合一的学说发展起来的。谶是秦、汉间巫师、方士编造的预示吉凶的隐语，纬是汉代迷信附会儒家经义一类的书。

这一些隐语，有的比较直接，比如秦始皇为了求长生，曾经派一个叫卢生的方士去海外求访仙人。仙人当然找不到，卢生就造了一本假书《录图书》，秦始皇一看，上面居然有"亡秦者胡也"几个字，认为"胡"是指北边的匈奴，就派公子扶苏带三十万大军打匈奴去了。结果把秦国弄亡了的不是匈奴，而是秦始皇的小儿子胡亥，算是应了"谶

刘邦像

刘秀像

语"了。

这一类的谶语在汉代就多得很了。陈胜、吴广要起义的时候，就半夜点起篝火，让吴广学着狐狸叫："大楚兴，陈胜王。"这一类的"谶语"比较直接，但有一些就不那么直接了。

《宋书·符瑞志》记载说，孔子拜告天地，有赤虹化为黄玉，长三尺，上有刻文，写的是一则谶语："宝文出，刘季握。卯金刀，在轸北。子禾子，天下服。""卯、金、刀"三个字合成繁体的"劉"字。《汉书·王莽传》就说："夫'刘（劉）'之为字，卯、金、刀也。""禾子"合成"季"字，刘季就是汉高祖刘邦。这简直是神乎其神了。

据《后汉书·光武纪》记载，西汉末年，王莽篡汉建立了新朝，汉光武帝刘秀还是一个乡下人。当时有宛人李通等就以图谶"刘氏复起，李氏为辅"游说刘秀起事，刘秀先不敢，后来终于被说动了。后来荡平天下，即天子位，建立了东汉。他即位的时候燔告于天的祝文中就说他是应了谶记"刘秀发兵捕不道，卯金修德为天子"的话。这句话出于刘秀当年在长安时的"同舍生"强华献给他的《赤伏符》，这件事，记在《后汉书·光武帝纪》中。谶语中的"卯金"是"卯金刀"的省称，《后汉书》李贤《注》就说："卯金，刘字也。"

光武帝刘秀借助"谶纬"的帮助即了皇帝位，所以大力倡导谶纬学说。据《资治通鉴》记载，建武在十年，大臣们劝他封禅泰山，他不肯，说："即位三十年，百姓怨气满腹，'吾谁欺，欺天乎'！"没有答应。但是在建武三十一年，刘秀在读《河图会昌符》这本谶纬书的时候，居然读到了"赤刘之九，会命岱宗"。汉以火德王，所以称"赤刘",刘秀恰好是汉高祖刘邦的九世孙。"岱宗"就是泰山,刘秀很惊奇,认为这是天命,所以下令封禅泰山,并且"宣布图谶于天下",谶纬之学遂成为东汉统治思想的重要组成部分,称为内学,尊为秘经,具有高度的神圣性。《四库全书总目提要》甚至称"谶纬之学,经之支流"。

东汉末年,董卓当政,搞得朝政日非,民怨沸腾,于是,就有童谣流传说:"千里草,何青青。十日卜,不得生。"(见《后汉书·五行志》)什么意思呢?李贤《注》说:"千里草为董,十日卜为卓。""千里草"三字,合成一个"董"字。"十日卜"三字合一个"卓"字,"何青青",指暴发,指董卓暴盛当权,又将很快败亡。"不得生",就直接指董卓的不得好死了。

东汉末年张角、张梁、张宝等人发动黄巾起义,就是借助了五斗米教,借用谶语团结民众,他们喊出了"苍天已死,黄天当立。岁在甲子,天下太平"的口号,以"苍天"指汉,以"黄天"指起义军。"苍天已死",暗喻汉代气数已尽;"黄天当立"当然是指新朝的建立。

后来,起义造反的人、阴谋篡位的人都利用谶纬说,所以,谶纬在魏晋南北朝时期逐渐被禁止,隋代更以立法的形式,对图谶"禁之愈切。炀帝即位,乃发使四出,搜天下书籍与谶纬相涉者,皆焚之,为吏所纠者致死。自是无复其学,秘府之内,亦多散亡"(《隋书·经籍志》)。但是,隋末的瓦冈军起义和李渊、李世民起事,仍然利用了谶纬。

此后,道教的科仪以及相士的相面、卜卦、测字等,仍然大量使用到谶纬。

魏晋南北朝时期的谜语

魏晋南北朝时期,思想大解放,诗文书画、音乐舞蹈等都有长足的进步,谜语也得到很大的发展。

"谜"是一个后起字,汉代以前,还没有"谜"字,最早的"谜"字,见于南朝梁顾野王的《玉篇》和梁刘勰的《文心雕龙》(东汉许慎著名的《说文解字》中本没有"谜"字,《说文》中的"谜"字,是宋人徐铉在校定《说文》的时候加在"新附"中的)。《文心雕龙·谐隐》说:

自魏代以来，颇非俳优，而君子嘲隐，化为谜语。谜也者，回互其辞，使昏迷也。或体目文字，或图象品物。纤巧以弄思，浅察以衒辞。义欲婉而正，辞欲隐而显。

这是谜在魏晋南北朝时期得到很大发展，刘勰在此基础上对谜所作的总结，是一条非常重要的有关谜的资料。

"自魏代以来，颇非俳优，而君子嘲隐，化为谜语。"非常简单地概括了谜的历史演变。"俳优"，指先秦的优孟、秦的优旃、汉的东方朔一类的人，最早的谜语，大多是他们为讽谏或取悦主上而编造的所谓"嘲隐"。后来，谜受到文人的喜爱，他们也参与制作，也就是所谓的"君子嘲隐"，名字也就改作"谜语"了。这大概是"谜语"一词最早见于典籍记载了。

"谜也者，回互其辞，使昏迷也。"这是给谜下的定义。"回互其辞"，是指不直说，需要转一个弯，达到使听的人"昏迷"的目的。当然，并不是真要使人昏迷，只是不让人一听就明白。

下面几句，是说谜的特点。"或体目文字，或图象品物"，是说谜的范围广，包括文字、物象等等。"纤巧以弄思，浅察以衒辞"，是说制谜的过程，需要巧思，需要观察，需要组织语言，即"衒辞"。

"义欲婉而正，辞欲隐而显"则是对谜的要求。谜虽然是小艺，但是，却有言志讽谏的作用、怡情悦性的功效，所以辞义得正，这是对谜思想性的要求；"辞欲隐"，不能直说，但是又必须"显"，要让人通过分析、思索能猜出谜底，不能过分的隐，让人如坠五里雾中，这是对谜艺术性的要求。

魏晋南北朝时期，是谜语发展的一个重要时期，人们在生活中随时都用到谜。

"竹林七贤"中的阮籍，善作青白眼，见到不喜欢的人就作白眼。和阮籍齐名的嵇康有一个哥哥叫嵇喜，才能名气都远不及嵇康。他曾经去见阮籍，结果阮籍给了他一个白眼。

有一天，嵇康的朋友吕安来看他，嵇康不在，嵇喜跑出来接待。吕安听说嵇康不在家，门都没有进，和嵇喜寒暄了几句，在门上写了一个"凤"字就走了。嵇喜以为吕安夸他，还沾沾自喜。嵇康回来一看，笑着告诉嵇喜说："那是吕安骂你的，'凤（鳳）'字拆开来，就是'凡

阮籍与嵇康

梁武帝像

鸟'两个字。"这里使用的,是谜语中的分离法。

梁武帝是六朝时期一个比较有作为的皇帝,尤其是对佛教在南朝的传播起到了很大的推动作用。他自己就三次舍身同泰寺,然后让大臣们拿钱去把他赎出来,实际上是变着法子帮寺庙敛财。他设"法乐童子伎",又制《善哉》《大乐》等十曲,"皆述佛法",所以梁朝时期,佛教大盛。

有一次,有一沙门(和尚)与一富豪争田产,审理的人两方都得罪不起,只好上报梁武帝。梁武帝有心袒护和尚,于是就批了一个"贞"字。办案的人不知道是什么意思,不敢妄判。最后,还是一位叫刘显的国子博士猜出了答案是"与上人"三字,因为"贞"字的繁体作"貞",可以拆作"与上人"三个字。"上人"是对和尚的尊称,田产当然也就判给和尚了。

魏晋南北朝时期,是五言诗发展和成熟的时期,以诗歌的形式来作离合体谜风靡一时,不仅一些民歌和乐府诗都有离合体谜,许多著名的文人都作有离合体诗。

南朝陈时徐陵辑的《玉台新咏》,收录了这样一首诗:

稿砧今何在?山上复有山。
何当大刀头,破镜飞上天。

如果从诗的角度来看,这首诗真是有一点莫名其妙。宋严羽《沧浪诗话》说它是"僻辞隐语"。原来它是一首谜语诗,只不过太过隐晦了。"稿砧今何在",隐的是一个"夫"字。"稿砧"指的是轧草石,又称"砆",谐音"夫"。"山上复有山",两山相重,是一个"出"字。"何当大刀头",隐"还"字。古时大刀头上有环。"破镜飞上

谢灵运像

鲍照像

天",古人以镜比月亮,"破镜"即"半月"。合起来,就是"夫出半月当还"。

著名诗人谢灵运写过一首《作离合诗》(见《艺文类聚》五十六):

　　　　古人怨信次,十日眇未央。
　　　　加我怀缱绻,口咏情亦伤。
　　　　剧哉归游客,处子忽相忘。

"古"字去掉个"十"字,剩个"口"字。"加"字去掉"口"字,剩个"力"字。"剧"(繁体作"劇",异体字左边可以写作繁体的"虖"字)去掉左边的"虖"字,剩下个"刂"。"口""力""刂"合成"别"字。

著名诗人谢惠连也写过一首离合"各"字和一首离合"念"字的五言诗(见《艺文类聚》五十六),今举一首:

　　　　放棹遵遥途,方与情人别。
　　　　啸歌亦何言,肃尔凌霜节。

"放"字去"方"字,是个"文"字,"啸"字去"肃"字,是个"口"字。"文"与"口"字合成"各"字。

最有名的谜诗,是著名诗人鲍照的三首离合诗。其中以"井"和"龟"为谜底的诗谜都堪称绝唱(见《艺文类聚》五十六),比如以"井"为谜底的诗:

> 二形一体，四支八头，五八一八，飞泉仰流。

谜面显得晦涩了些，但是构思却非常巧妙。"二形一体"，把"井"从中间剖分成左右或上下两部分，形状都是一样的，也就是说，以两个相同的符号组合成一体。"四支八头"，"四支"指四画，"八头"指"井"字向四方伸出的八个头。"五八一八"就难解了些，"五八"是四十，"井"字可以分成四个"十"字。"一八"还是指八个头。最后一句"飞泉仰流"是写井的特色，人们用绳系桶把水从井中汲出，所以称"飞泉仰流"，如此构思，可以说是费尽心思了。

《艺文类聚》中收录了许多魏晋南北朝时人所写的"离合诗"，可以参看，今不一一列举。

这一时期的物谜也不少。《魏书·献文六王传》记载，南北朝时北魏献文帝之子拓拔禧封咸阳王，因为谋反事败露逃亡，跟随他的人越来越少，只剩下兼防阁尹龙武等数人。拓拔禧愁闷不知所为，就让龙武出谜语给他猜，以排解忧愁。龙武想起一条旧谜，就念给他听：

> 眠则同眠，起则同起。贪如豺狼，赃不入己。

拓拔禧猜作"眼睛"，龙武说谜底是"箸"，即筷子。这是一则非常优秀的物谜，筷子是一双，放下是一起放下，拿起来是一起拿起，没有只放或只拿一根的。"贪如豺狼"指用餐的时候筷子会不停地把碗盘中的菜肴夹起，但自己并不享受，而是把这些东西送进了嘴巴，所以说是"赃不入己"，把筷子的特性描绘得淋漓尽致。

隋唐时期的谜语

隋、唐时期，是文化发展的一个高峰时期，不仅诗歌发展到顶峰，其他艺术，如音乐、舞蹈、书法、绘画等也都取得了巨大的成就。

魏、晋以来，士大夫中就流行清谈，一方面当然是因为社会黑暗，世事险恶，为了避祸，所以"发言玄远"，说些不着边际的话；一方面也受道家思想的影响，玩些虚无飘渺的把戏。但清谈中却也包含有深厚的学养和智慧，有一些已经近似于唐代以后禅宗的机锋问答。南北朝时期，人们常常用韵语或谜的形式开玩笑，甚至相互攻讦。

比如《北齐书·徐之才传》就记载，徐之才是一个非常聪明的人。有一次，尚书王元景对徐之才说："你名字叫之才，有什么道理呢。不如加上一撇，叫做'乏才'。"

徐之才听了，就毫不客气地以对方的姓作谜说：

有言则（诖），近犬则狂。加项足而为马（馬），施角尾而为羊。

王景元听了，半天说不出话来。

这种习俗，也就是刘勰《文心雕龙》所说的"谐隐"。在南北朝时期，这种语言形式被广泛使用，不管是对人对物，都可以根据其特点用韵语，用诗文，用谜语去"嘲"几句。在典籍中，这样的记载很多。

隋代有一个叫侯白的人，是东方朔一类的人物，有关他机智敏捷的故事很多。他曾经写过一本叫《启颜录》的书，记载了南北朝时期和隋代的许多佚闻趣事。比如我们上面讲的徐之才的事，就收录在内。其中，有许多"嘲"的故事，有一些，就是非常好的谜语。

这种"嘲"的形式，在唐代仍然很受人们的喜爱。

《启颜录》记载了唐代甘洽和王仙客两个老朋友互相以姓氏开玩笑的故事。

有一天，甘洽编了一个字谜让王仙客猜。谜面是这样的：

你本应姓田，因你面拔懒，抽却你两边。

"田"字抽去左右两边各一竖，不就是一个"王"字吗？

王仙客一听，也出了一个谜让甘洽猜，谜面是这样的：

你本应姓丹，因你头不曲，回脚向上安。

把"丹"字的脚向上，就是把它翻个身，不就是"甘"字吗？

汉代颇为流行的谶语，在唐代仍然被广泛使用。

武则天当政，引起了许多元老大臣的不满，徐敬业等人还起兵讨伐武则天。为了取得时任宰相的裴炎的帮助，参加徐敬业起事的骆宾王编了一首童谣：

> 一片火,两片火。
> 绯衣小儿当殿坐。

这首童谣实际上是一首谜语。"绯衣"是一个"裴"字,"两片火"合成一个"炎"字。"当殿坐"是隐指裴炎能继皇帝位。

徐敬业派人到京城去教小孩子们到处传唱。

裴炎本来就是一个有野心的人,听了以后,以为天命所归,毫不犹豫地答应了与徐敬业合作反对武则天。后来,徐敬业失败,裴炎也被武则天杀了。

唐代末年,黄巢起义的时候,他让诗人皮日休以他的名字作谶语:

> 欲知圣人姓,田八二十一。
> 欲知圣人名,果头三屈律。

"田八二十一",合成一个"黄"字(二十又作"廿")。"果"字头上"三屈律"(即"巛"),合成一个"巢"字。应该说,作为谜语,已经很难得了,也符合谶语的要求。但是,皮日休却因此被黄巢杀了,因为黄巢的头发卷曲,两鬓的头发很短,梳不上去,他认为皮日休是在讽刺他的头发长得很难看。

佛教传入中国后,虽然在南北朝时期已经非常盛行,但是,真正与中国的本土文化相结合,还是在唐代,尤其是禅宗出现以后。

禅宗主张"不立文字""教外别传",强调的是一个"悟"字,无论是北宗神秀的渐悟,还是南宗六祖慧能的顿悟。他们还特别讲究机锋问答,这种机锋问答的形式很受士大夫们的喜爱,既可以显示自己的捷才,也可以借此进行一些针砭讽刺。

唐代段成式《庐陵官下记》一书中,还记载了这样一个故事:

唐代的曹著,机智善辩,是个猜谜制谜的能手,有位客人不服气,就出了一则谜给他猜。他出的谜是:

> 一物坐也坐,卧也坐,立也坐,行也坐。

曹著听了以后,没有马上回答他,而是也出了一个谜给客人猜。他

王安石像

出的谜是:

一物坐也卧,立也卧,行也卧,走也卧,卧也卧。

客人猜了半天也没有猜出来。曹著就对他说:"我的谜能够吃你的谜。"

原来,客人那则谜的谜底是青蛙,青蛙无论坐、卧、立、行,都像是坐的姿势。而曹著的这则谜的谜底是蛇,蛇无论什么时候,总像是卧在地上,所以曹著说他的谜能够吃客人的谜。

宋代的谜语

宋代是我国历史上谜语空前繁荣的时代。

宋代的文人生活优厚,所以更多地留意于游戏一类的杂学,猜谜就是他们非常喜爱的一种。著名的文学家苏轼、王安石、黄庭坚、秦观等,都有许多制谜猜谜的趣事,郎瑛《七修类稿》甚至说"隐语化而为谜,至苏(轼)、黄(庭坚)而极盛"。

宋彭乘《续墨客挥犀》记载了一则王安石的谜。有一次,王安石和他的朋友王吉甫在一起,他出了一个字谜给王吉甫猜:

画时圆,写时方。冬时短,夏时长。

王吉甫也是猜谜的能手,他一下子就猜出来了,但是,他没有直接说出谜底,而是说出另一则谜:

东海有条鱼,无头亦无尾。更除脊梁骨,便是你的谜。

两则谜语的谜底都是"日"字。"日"指太阳,画出来是圆的,写出来

（明）张路《苏轼回翰林院图》

是方的；"日"又指白天，所以冬天长，夏天短。王吉甫的谜，鱼字除去头尾，是一个"田"字，再除去脊梁骨，即中间一竖，还是一个"日"字。两则谜语的构思都非常巧妙。

有一年夏天，王安石与王吉甫在室外乘凉。王安石随口念出一首谜诗：

> 户部一侍郎，恰似关云长。上任石榴红，辞官金菊香。

王吉甫不假思索，立即回敬两句：

> 有风不动无风动，不动无风动有风。

两则谜异曲同工，谜底都是"扇子"。

王安石传世之谜较多，有一些非常精彩。比如：

> 寒则重重叠叠，热则四散分流；兄弟四人下县，三个入州；在村里的只在村里，在市头的只在市头。

谜底是"丶"（古"主"字）。"寒"字下面有两个"丶"；"热"字下面有四个"丶"；"縣"（"县"的繁体字）下面有四个"丶"；"州"字中有三个"丶"；"村"字中间有一个"丶"；"市"字头上是一个"丶"，构思非常巧妙。

苏轼是宋代最有名的文学家、诗人、书法家，也是一个聪明绝顶、风流倜傥、妙趣横生的人，他身边的黄庭坚、秦观、米芾，包括佛印和尚等，都是同一类人，他们在一起相互调谑打趣、斗巧争胜的事很多，其中，有不少是通过谜语来实现的。由于他们的文化素养极高，所以制作了不少的佳谜。

《东坡集》中载有一则谜：

研犹有石，岘更无山，姜女既去，孟子不还。

据说这则谜是让佛印猜的。佛印很快便猜出来了，谜底是"砚盖"。"研犹有石"，也就是只剩下"石"字。"岘更无山"，"岘"字没有了"山"，是个"见"字。"石"字和"见"字合为"砚"字。"姜女既去"，"姜"字去"女"，剩个"羊"，"孟"字"子"不还，剩下一个"皿"字。"羊"字和"皿"字合成"盖"字。

宋人经常把谜语用到诗词的创作中。

秦观有一首《南歌子》：

玉漏迢迢尽，银潢淡淡横。梦回宿酒未全醒，已被邻鸡催起，怕天明。　臂上妆犹在，襟间泪尚盈。水边灯火渐人行，天外一钩残月，带三星。

这首《南歌子》是秦少游题赠给营妓陶心儿的，末二句"一钩残月，带三星"是一则非常形象的"心"字谜。据说苏东坡读了这首词以后开玩笑说："这是怕其他的姑娘和陶心儿争的缘故。"

南宋著名词人吴文英在《唐多令》中说"何处合成愁，离人心上秋"，就是一则很好的字谜。他把"愁"字隐为"离人'心'上'秋'"，"秋"字本身又有悲愁的意思，为什么悲愁呢？是因为"离人"，要与自己心爱的人儿分离。

这两句话用在诗词中不算好，但是如果把它作为单独的谜语，则是很高明的。

宋代的商业城市进一步发达，市民阶层的队伍进一步壮大，整个社会对文化娱乐的要求越来越大，而灯谜则成为市民们所喜爱的文化活动之一。在勾栏瓦肆中，就有"商谜"的表演。孟元老《东京梦华录》记载说："商谜者，一人为隐语，一人猜之，以为笑乐。"宋吴自牧《梦梁录》卷二十"小说讲经史"条说：

> 商谜者，先用鼓儿贺之，然后聚人猜诗谜、字谜、戾谜、社谜，本是隐语。有道谜，来客念思司语讥谜，又打谜、走智、正猜、来客索猜。下套，商者以物类相似者讥之，又名'对智'。贴套，贴智思索。横下，许旁人猜。问因，商者唱问，包头。调爽，假作难猜，以走其智。杭之猜谜者，且言之一二，如有归和尚及马定斋，记问博洽，名传久矣。

作为一种商业性的演出，能在勾栏瓦肆的表演中占有一席之地，可以想见谜语在宋代民间是有深厚的基础的。

在宋代，还出现了专门从事制谜猜谜及谜语研究的"谜社"组织，可见谜语在宋代是很盛行的，也因此出现了不少的佳谜。

宋刘攽《中山诗话》记载了当时民间的一则以"瓦"为谜底的谜语说："俗有谜语曰：'急打急圆，慢打慢圆。分为四段，送在窑前。'"非常生动。瓦是轮制的，先将土坯轮制成一个圆筒状，"急打急圆，慢打慢圆"说的就是这个过程。然后再把它剖分成四片，送到窑里烧制。

谜语被称为灯谜，也是起于宋代的。

古时候最热闹的节日莫过于元宵。这一天，到处张灯结彩，家家门口都会挂花灯。这些花灯争奇斗艳，匠心独具，人们甚至以此争胜。一到夜晚，全城到处是灯，皇宫的门口还会搭建巨大的鳌山，皇帝亲自登楼，与万民同乐。后来，有的人家就在花灯上张挂写有谜语的纸条，任人猜射，猜中者有奖品奉送（清吴研人《二十年目睹之怪现状》中对此有非常生动的描写）。此后，成为一种习俗，一直沿用到近代，大大促进了谜语的发展与普及，谜语也因此被称为"灯谜"了。

金元时期的谜语

金、元时期，整个文化都处于一种低潮中，猜谜活动也受到一定的影响，但是，猜谜活动并没有完全停止。

明郎瑛《七修续稿》卷五"千文虎序"条载："金章宗好谜，选蜀人杨祥圃为魁，有《百斛珠》刊行。"元李治《敬斋古今黈》卷八说："近者，伶官刘子才著《才人隐语》数十卷。谜固小伎俩，然其风咏比兴，与诗同义，而在士大夫中亦笑谈之助也。"元高德基《平江记事》第十六载："元达鲁花赤八刺脱公，倜傥爽迈，谈吐生风，一日燕集，随行一令，云：'一字有四个口字，一个十字；一字有四个十字，一个口字。猜不着者皆罚酒。'"这两个谜是"圖"（"图"的繁体字）字与"畢"（"毕"的繁体字）字。

诗人萨都刺所制"伞"谜一则，见于《雁门集》中：

开如轮，合如束，剪纸调膏护新竹。
日中荷叶影亭亭，雨里芭蕉声簌簌。
晴天却阴阴却晴，二天之说诚分明。
但操大柄掌在手，覆尽东南西北行。

将伞的形状、特征、功用描写殆尽，且寓意深长，堪称诗与谜语这两种文艺样式相融一体的佳构。

可见隐语在金、元时期是很受上流社会喜爱的。

金、元时期的文人很多都"善隐"，也就是善于制谜猜谜。在元散曲和杂剧中，也经常使用到谜语。

据《录鬼簿》和《录鬼簿续编》记载，元代散曲家和杂剧作家中，许多人都"喜隐"或"善隐"。比如说曾瑞"善丹青，能隐语"；陈无妄"于乐府隐语，无不用心"；吴本世"好为词章、隐语、乐府"；李显卿"酷嗜隐语"；张可久"有《吴盐》《苏堤》《渔唱》等曲，编于隐语中"；顾德润"自编《乐府》《诗隐》二集"；陈登善"有乐府、隐语"；朱凯"所编《升平乐府》及隐语《包罗天地》《谜韵》"；董君瑞"隐语、乐府多传于江南"；钟嗣成"善音律，德隐语"；罗贯中"乐府、隐语，极为清新"；谷子敬"乐府、隐语盛行于世"；丁楚夫"隐语亦佳"，还有不少，就不一一列举了。

元代散曲和杂剧中，用到隐语的地方很多。

王实甫著名的《西厢记》中，张生通过红娘，与崔莺莺书简传情，莺莺叫红娘送给他一首约他幽会的诗：

待月西厢下，迎风户半开。
隔墙花影动，疑是玉人来。

（清）康熙青花 《西厢记》

红娘看不懂，张生解释说："'待月西厢下，迎风户半开'，是莺莺约我月亮升起时在西厢相会，她在那里开着门等我。'隔墙花影动，疑是玉人来'，是要我跳过墙去。"

红娘不相信，张生还很自信地对红娘说："俺是个猜诗谜的社家。"杨显之《临江驿潇湘秋夜雨》第二折有：

（试官云）你虽然撺过卷子，未曾覆试你。你识字么？（崔甸士云）我做秀才，怎么不识字？大人，那个鱼儿不会识水。（试官云）那个秀才，祭丁处不会抢馒头吃。我如今写个字你识：东头下笔西头落。是个甚么字？（崔甸士云）是个"一"字。（试官云）好不枉了中头名状元，识这等难字。我再问你：会联诗么？（崔甸士云）联得。（试官云）河里一只船，岸上八个拽。你联将来。（崔甸士云）若还断了弹，八个都吃跌。（试官云）好好。待我再试一道：一个大青碗，盛的饭又满。（崔甸士云）相公吃一顿，清晨饱到晚。（试官云）好秀才，好秀才。看了他这等文章，还做我的师父哩。

这当然是对元代选官的辛辣讽刺。"东头下笔西头落"是一个非常简单的谜，"一"就是"东"字和"西"字起头的第一笔。

明代的谜语

到了明、清时期，猜谜活动出现了高潮。

谜语在明代已经比较成熟，谜的普及程度更高了。谜的分类、谜格的出现，拓宽了制谜猜谜的天地。

在明代以前，谜语是一个笼统的概念，到了明代，出现了灯谜和谜语的区分。

灯谜的得名，是缘于宋代以后越来越受欢迎的正月元宵前后张谜于灯，任人猜射的习俗。明代的灯谜活动，明田汝成在《西湖游览志余》中有两段记载：

> 杭人元夕，多以此为猜灯，任人商略。永乐初，钱塘杨景言，以善谜名，成祖时重语禁，石景言入值以备顾问。（卷二十五《委巷丛谈》）

> 正月十五日为上元节，前后张灯五夜……好事者或为藏头诗句，任人商揣，谓之猜灯。（卷二十《熙朝乐事》）

明张岱《陶庵梦忆》记载：

> 于十字街搭木棚，挂大灯一，俗曰"悬灯"，画"四书"、《千家诗》故事，或写灯谜，环立而猜射之。

其实谜语本身就有两种不同的形式，一种是事物谜，是以事物的特征来制谜的。另一种是文义谜，与事物本身的特征无关，而纯从文义上着眼。举一个例子。

比如以"云"为谜底，谜语是这样的：

> 时而不见时而有，像龙像虎又像狗。
> 太阳出来它不怕，大风一吹就逃走。

这是根据"云"的特征来制谜的。而灯谜是这样的：

徐渭像

去掉一竖。

"去"字"掉"了一"竖",不就是个"云"字吗?它只是从"云"字的字形结构去构想,和"云"的物理特性一点关系都没有(关于"灯谜"和"谜语",后面再详说)。

灯谜,也就是文义谜,在发展过程中,出现一些特殊的要求,比如字音的通假、字形的变化、字义的假借、位置的变化等等,于是就产生了谜格,比如"粉底格""白头格""秋千格""卷帘格"等。明末扬州谜家马苍山创"广陵十八格",通常认为是指:会意、谐声、典雅、传神、碑阴、卷帘、徐妃、寿星、粉底、虾须、燕尾、比干、钩帘、钓鱼、含沙、鸳鸯、碎锦、回文等十八谜格。此后,谜格不断增加,如《清嘉录》记谜格二十四种,《拙庐谈虎集》记谜格六十种,《谜格释略》记谜格二百余种,《增广隐格释例》记谜格多达四百零七种,当然,其中的绝大部分都是徒乱人意,没有多大用处的。但是,一些合理的谜格,对制谜和猜谜都是有很大帮助的。

明代也出现了不少的佳谜。

明代著名文学家、画家、书法家徐渭,曾经制作过不少精彩的灯谜。比如,他用"何可废也,以羊易之"射"佯"字。谜面是《孟子》中的句子,"何"字去掉"可"字,剩下"亻",加上"羊"字,就成了"佯"字,非常贴切。他还制过一些事物谜,比如"不用刀,只用篾。勒碎风,劈破月"射"竹帘",末二句非常传神。他的谜有的构思非常精巧,比如"摸着无节,看着有节。两头冰冷,中间火热"射"历本"(日历),谜面中的两个"节"字,利用了汉字一字多义的特点,前一个"节"是竹节,后一个节是节日。后两句也很巧妙,日历的两头是春和冬,所以"冰冷",中间是夏和秋,所以火热。这几个谜就是在

乾隆年间年画《苏小妹三难新郎》

浔阳楼

今天，也仍然是不可多得的好谜。

谜书《诗禅》的作者、剧作家李开先制过这样一个谜：

重山复重山，重山向下悬；明月复明月，明月在两边。上有可耕之田，下有长流之川。一家共六口，两口不团圆。

这则谜语的谜底是"用"字。谜面不但写得很美，而且和谜底扣得很紧，也是不可多得的佳作。

李开先的一些谜作构思新奇巧妙，而且寓意深远，有讽世之意，如镜子谜："知人知面不知心"。又如虱子谜："尔俸尔禄，民脂民膏，被人发觉，无大小首从皆死。"

明代是通俗文学非常发达的时期，历史演义、志怪传奇、短篇小说等大量出现，在这些作品中，差不多都有谶语和谜语，比如《三国演义》《水浒传》《西游记》《封神演义》和"三言""两拍"。

《水浒传》三十八回《浔阳楼宋江吟反诗 梁山泊戴宗传假信》中描写宋江因杀了阎婆惜，被刺配到江州。有一次喝醉了酒，在浔阳楼题下反诗，被一个名叫黄文烨的小人看见，就去知府那里举报。知府说："家尊写来书上分付道：'近日太史院司天监奏道，夜观天象，罡星照临吴、楚，敢有作耗之人，随事体察除。'更兼街市小儿谣言四句道：'耗国因家木，刀兵点水工；纵横三十六，播乱在山东。'因此，嘱付下官，紧守地方。"

黄文烨解释说："'耗国因家木'，耗散国家钱粮的人必是'家'头着个'木'字，明是个'宋'字。第二句，'刀兵点水工'，兴起刀兵之人，'水'边着个'工'字，明是个'江'字。这个人姓宋，名江，又作下反诗，明是天数，万民有福。"

这里所用的，就是汉代以来流行的"谶语"。

比如冯梦龙的《醒世恒言·苏小妹三难新郎》中，苏小妹与秦观（少游）结婚，要考过三场，过了关，才能进入洞房，而三道考题（也就是"三难"）中，有两道是谜题。

第一题是：

> 铜铁投洪冶，蝼蚁上粉墙。
> 阴阳无二义，天地我中央。

因为秦观曾经扮作道人去试探过苏小妹，所以他很快就猜出了谜底是"化缘道人"。

第二题是：

> 强爷胜祖有施为，凿壁偷光夜读书。
> 缝线路中常忆母，老翁终日倚门间。

这是要猜四个古人的名字，秦观也很快就猜出了答案是"孙权""孔明""子思"和"太公望"。

《汉书·艺文志》载《隐书十八篇》，此后，又有不少谜书问世，如宋苏轼、黄庭坚、王安石等合编的《文戏集》、金章宗时编的《百斛珠》、元刘子才的《才人隐语》等，但都没有流传下来。明代谜书较前更多，而且有许多流传至今，比如张云龙的《广社》、无名氏的《新奇灯谜》、冯梦龙的《黄山谜》等。继南朝梁刘勰在《文心雕龙·谐隐》专篇论谜之后，明代又出现了郎瑛《七修类稿》的《隐语》《谜序文》两篇谜语专论和李开先的辑录谜语和兼论谜理的《诗禅》。

清代的谜语

清代是我国古代谜语集大成的时期。

近代有一个说法，叫"唐诗、宋词、元曲、明小说、清灯谜"（见薛凤昌《邃汉斋谜话》），可见谜语在清代盛行的情况。

清代初年，谜事活动虽然很活跃，但是继承多而创造少，尤其是在形式的创新上。但到清代中叶乾隆时期，海内承平，清代初年严峻的文网松弛了许多，灯谜受到了朝野上下的一致喜爱，谜风炽热，商谜几乎成为城乡各地节日乃至日常生活中不可或缺的活动。

谜坛前辈钱南扬先生《谜史》说："嘉（靖）、道（光）以降，新声竞唱，而古谜遂衰。"

这里所说的"新声"，是指清代中叶以后经过谜家们改进以后的新形式，这种"新声"最主要表现在以文义谜为主，谜面文字形式不再用整首诗、整篇赋，而主要以单句式，运用了多种修辞手法，特别是强调字义的别解。

清代灯谜的作者，有一批是文化素养极高的学者，比如《四库全书》总裁纪晓岚、著名学者俞樾、张文虎、况周颐、杨恩寿等，甚至包括乾隆皇帝，他们的参与，使得谜作的质量大大提高，出现了许多极精彩的好谜，但是，有时也使得谜语过分的雅化。雍（正）、乾（隆）年间谜家费源说："为谜当广征博引，驱使群书，不期成而成，不期获而获，方能妙到秋毫。""广征博引""驱使群书"，成为对制谜者的要求，也成为所谓"新声"和"古谜"的区别之一。钱南扬《谜史》说："自今谜盛行，视古谜为卑鄙，不复出诸士大夫之口。"

这个时期，是佳谜迭出的时代，

乾隆皇帝就很喜欢猜谜制谜，据说他曾经制过这样一则谜语让太监和宫女们猜，猜中者赏银五十两。谜是这样的：

腹内香甜加蜜，心中花红柳绿。
白沙滩上打滚，清水河中沐浴。

这则谜语的谜底是"元宵"，南方叫"汤圆"。南方人制汤圆是先将粉和水，再包上馅，而北方则是将馅在干粉上滚，裹成汤圆，所以第三句说"白沙滩上打滚"。

纪晓岚也制过一幅非常有名的谜联：

黑不是，白不是，红黄更不是，和狐狼猫狗仿佛，既非家畜，又非野兽。
诗也有，词也有，论语上也有，对东西南北模糊，虽是短品，却是妙文。

纪晓岚像

《镜花缘》插图

上联的谜底是"猜"字。五色中黑白红黄都不是,当然就是"青"字;"猜"字有"犭"旁,和狐、狼、猫、狗相近。"犭"和"青"合成"猜"字。最后两句说明"猜"不是一种动物。

下联的谜底是"谜"字。诗、词、论、语四个字都有"讠"旁;"对东西南北模糊"隐含"迷"字。"讠"和"迷"合成"谜"字。最后两句是对"谜语"的高度评价。

著名学者俞樾(曲园)非常喜欢谜语,曾经刻印了一册《隐书》,收录自己所制的谜语一百条,其中不乏精品,比如:

东晋(打一汉代人名)

谜底是"司马迁"。西晋是司马氏建立的政权,建都长安,后来被北方少数民族所灭,司马氏集团东渡长江,在建康(今南京)建立了东晋。所以"东晋"就是司马氏迁到南方建立的。

在小说中使用到谜语,明代就已经有了。到了清代,这种情况就更多了。在李汝珍的《镜花缘》、曹雪芹的《红楼梦》、吴研人的《二十年目睹之怪现状》中,都有非常精彩的谜语和猜谜场面的描写。

《镜花缘》是一本奇书,上半部写唐敖等人到海外奇奇怪怪的国家,见到许多稀奇古怪的人和事,下半部主要写武则天开女科所取的一百名才女饮宴游玩的事,其中就有关于谜语的内容。李汝珍借书中才

杨柳青年画 《爆竹图》

女兰言的话说:"大凡做谜,自应贴切为主,因其贴切,所以易打。就如清潭月影,遥遥相映,谁人不见?若说易猜不为好谜,难道那'凌霄花'还不是绝妙的,又何尝见其难打?古来如'黄绢幼妇外孙齑臼',至今传为美谈,也不过取其显豁。"又借春辉的口说:"那难猜的,不是失之浮泛,就是过于晦暗。即如此刻有人脚指暗动,此惟自己明白,别人何得而知。所以灯谜不显豁、不贴切的,谓之'脚指动'最妙。"书中有许多非常精彩的谜语。比如以"酒鬼"打《孟子》一句,谜底是"下饮黄泉";以"无人不道看花回"(刘禹锡《游玄都观》诗句)打《论语》一句,谜底是"言游过矣"。

《红楼梦》中也有不少好谜,比如:

能使妖魔胆尽摧,身如束帛气如雷。
一声震得人方恐,回首相看已化灰。

谜底是"爆竹"。

再比如:

阶下儿童仰面时,清明妆点最堪宜。
游丝一断浑无力,莫向东风怨别离。

谜底是"风筝"。都是好谜。

另一部记载了许多精彩谜语的小说是晚清三大谴责小说之一的《二十年目睹之怪现状》。比如以"含情迓问郎"打《论语》一句、唐诗一句。谜底是"夫子何为";唐诗一句是"夫子何为者"。以"今世孔夫子"打古文篇目一,谜底是《后出师表》。孔子被称为"万世师表","今世孔夫子",就是"后出"的"师表",合起来,就是"《后出师表》"。

从清朝末年到中华人民共和国成立之前,是谜语发展的一个重要时期。这一时期的灯谜活动非常活跃,成立了许多灯谜团体,报刊杂志也刊登谜语,出现了张起南、毛际可、孔剑秋等谜坛名家,出版了许多灯谜专著,也产生了许多佳谜。

灯谜大师张起南,被誉为"谜圣",他所制的灯谜有上万条,其中许多都是精品。比如他以杜甫《曲江》诗中的诗句"点水蜻蜓款款飞"为谜面打一字,谜底是"汗"字。"干"字的形状很像蜻蜓,就被他很巧妙地用来代表蜻蜓。他还用英文"morning"为谜面打一字,谜底是"谭"。"morning"是英语中"早"的意思,他用"西""言""早"三个字合成"谭"字,开了我国谜语外文谜的先河。

近现代谜语

中华人民共和国成立以后,谜语出现了前所未有的繁荣局面,走上了一条蓬蓬勃勃健康发展的道路。

明、清时期,谜语得到很大的发展,但也有逐渐雅化而脱离普通群众的倾向。这一时期以八股文开科取士,士子们熟读的是"四书""五经",在猜谜活动中,以"四书""五经"中的文句为谜底、谜面的占了很大的比例,使一般人望而生畏,而所谓文人雅士却以此相高。清徐珂《清稗类钞》记载:

> 光绪戊申,番禺沈太侔礼部宗畸在京师刊行《国学萃编》。其征谜语有云:"书家意者方能照登,江湖意者恕不登录。"此语直得谜中三昧。谜之最忌者二:一曰俗,如乡人所猜之谜是也。一曰呆,如苏、沪各地茶肆中丐者书之谜是也。是皆太侔所谓江湖者也。一染此习,便失文人身份。

所谓的"书家意",即是他们眼中的"雅"。"雅"并不是坏事,有书卷气其实也很好,但是,如果把它圈定在只有少数人才熟悉的范围之内，就不对了。比如以"四书""五经"等句子为谜底的谜语，有许多做得相当好，只是能猜中的人实在太少。而他们所谓的"俗"，所谓的"呆"，倒往往是生动有趣、富有生活气息的。比如清代民间流传的一则以"算盘"为谜底的谜语：

一宅分为两院，五男二女成家，一时打得乱如麻，直到清明方罢。

《红楼梦》中也有一条"算盘"谜：

天运人功理不穷，有功无运也难逢。
因何镇日纷纷乱，只为阴阳数不同。

比较一下，还是民间流传的要好得多。

新中国成立以后，谜语基本上摒弃了好些引经据典、生僻晦涩的内容，而引入了许多富有时代气息的崭新内容。比如下面这一些谜语：

制订人口政策（打成语一）	谜底：国计民生
一枝红杏出墙来（打经济改革词一）	谜底：对外开放
上下五千年（打书名一）	谜底：《团结万岁》
家家都有责任田（打成语一）	谜底：无所不包
常以先进为榜样（打礼貌用语一）	谜底：老师好

这些谜语有新意，构思也很精巧，不仅丰富了人们的文化生活，也在宣传党的方针政策、陶冶人们的情操方面，发挥了很大的作用。

文化大革命时期，谜语被扣上了低级庸俗的帽子，群众性的制谜猜谜活动受到很大打击。改革开放以后，文化事业得到蓬蓬勃勃的发展，谜语也获得了新生。近年来，各地报刊都刊登了许多谜语，电台、电视台也举办过多次猜谜活动。各地都先后成立了"谜语协会""灯谜小组"等谜语组织，不定期地开展各种各样丰富多彩的灯谜活动。现在各种各样的庆祝会、联谊会以及游艺活动，几乎都有灯谜竞猜活动，谜语受到越来越多的人的喜爱。

(清)任颐 《水村图》

谜语与灯谜

我们通常所说的谜语，从广义上讲，包括不同的两大类，即谜语和灯谜。从狭义上讲，谜语和灯谜是完全不同的两种类型的谜。

谜语

谜语本来是人民群众的口头创作，它也主要在民间流传。它采用夸张、比喻等手法，对事物的形状、性能、作用等特征进行形象化的描述，谜面一般都采用口头语言，通俗易懂，押韵上口，很多都采用类似儿歌的形式，易读易记。大家也许都有这样的记忆，还在孩提时代，夏夜纳凉，冬日向火，我们都曾经依偎在母亲怀里，听母亲唱儿歌，讲故事。有时候，母亲也会出一些简单有趣的谜语给我们猜："麻房子，红帐子，里头住着个白胖子"（花生）；"千条线，万条线，落在水里都不见"（雨）；"四四方方一座城，里头死了几个人，爷爷妈妈来吊孝，整死不开门"（蚊帐）。当猜出了谜底，或者实在猜不出来，母亲说出了谜底以后，都曾经引起过我们很大的惊喜。

由于谜语是以事物本身的特征来隐射，所以又叫"事物谜"；由于它主要在民间流传，所以有的谜书又把它称作"民间谜语"。

谜语生动形象，编起来不难，猜起来也比较容易，而且琅琅上口，很容易记住，所射的又都是日常生活中常见的东西，所以很受人民群众的喜爱。许多谜语构思巧妙，比喻新颖，有的谜面就做得很美、很有

（元）任仁发 《秋水鸟鹭图》

趣，比如这样一则谜语：

想当年，绿羽婆娑，自归郎手，青少黄多。受尽了多少折磨，历尽了多少风波。脚小步难行，一步一拖。莫提起，犹小可，提起了，珠泪洒江河。

从表面上看，这是一首对旧社会妇女不幸遭遇的描述，文辞非常优美，但又饱含着痛苦辛酸，纯粹从文学的角度看，它也不失为一首佳作，但这是一则谜语，谜底是撑船用的"竹篙"。如果我们对照着谜面把竹篙的制作和使用情况想一想，一定会让你拍案叫绝。尤其是"提起"二字，用别解的手法，构思非常巧妙。最后一句既是撑船情景的实写，又以双关照应全文。这则谜语实为不可多得的精品，其传本就有六七种之多。

我们再来看下面这一则谜语：

远看山有色，近听水无声。
春去花常在，人来鸟不惊。

这是一首非常优美而且工稳的五言山水诗,只是"水无声""花常在""鸟不惊"让人略感意外。但是正是因为这几句,使我们可以猜出它描写的不是真山真水,而是一幅"风景画"。

谜语中的绝大部分,并不是都这么典雅工丽的,更多的是采用口头语言,甚至儿童语言,读起来就像一首民歌或者儿歌。比如下面的这几则谜语。

一朵芙蓉顶上栽,锦衣不用剪刀裁。
虽然不是英雄将,一唱千门万户开。

(谜底:公鸡)

兄弟七八个,围着柱子坐。
大家一分手,衣服都扯破。

(谜底:蒜)

小小诸葛亮,独坐中军帐。
摆起八卦阵,要捉飞来将。

(谜底:蜘蛛)

灯谜

谜语从一开始,就分为两种不同的形式,除了上面所说的"事物谜",即根据事物的本身的特征,如外观、形状、颜色等制谜以外,还有一种从文义的角度去制谜的方法,主要是通过对谜面文字意义进行推敲,利用汉字一字多义、一词多解的特性,运用别解、假借、离合、增损等方法,对字词的笔画进行分拆组合,来制谜或猜谜,所以又被称为"文义谜"。比如前面举到的屈原《离骚》中以"正则"隐"平","灵均"隐"原",此后,《曹娥碑》"绝妙好辞"、曹操和杨修"阔"字谜等,都是文义谜。宋代以后,由于大量的文人学士也都开始喜欢谜语,使这种文义谜得到很大的发展。

从宋代开始,每逢元宵佳节,人们在赏玩花灯的同时,又把谜条写在纸条上贴于花灯之上,或者干脆写在灯上供人猜射,明代以后,这种风气更盛,而这种谜语又以文义谜为主,人们也就把文义谜称为灯谜。

由于灯谜的制作和猜射都比较难，就像打虎一样的不容易，人们又把灯谜称为"文虎"或"灯虎"，把猜灯谜称作"射虎"或"打虎"。

灯谜的制作要求比较严格，它的谜面一般都短小精炼，与谜底环环相扣，几乎字字都不落空。因为它是从字义上去推敲，所以它的谜目范围很广，几乎是无所不包。它还有一些规定特殊猜法的"格"。相对地说，灯谜的制作和猜射都要比谜语复杂得多，但是，它变幻莫测、趣味无穷，既可娱乐消闲，又可增加知识，所以更受人们的喜爱。

谜语与灯谜的区别

现在我们知道了，谜语和灯谜是两类并不完全相同的谜，它们的区别，主要表现在以下几个方面。

基本特征不同　灯谜是利用汉字的一字多义、一词多解，通过对谜面文字含义的别解、假错、离合、增损等方法，来猜射谜底的，因此，它对所射事物的形状、大小、颜色、声音、用途、动作等外部特征并不去理会。而谜语恰恰相反，它注重的就是事物的形状、大小、颜色、声音等外部特征。比如同样以乐器"笙"为谜底，谜语的谜面是：

姐妹高低十八个，站在一起把话说。因为好说堵住口，堵住这个问那个。

它抓住的是"笙"这种乐器的外形和使用的特点。而灯谜的谜面是：

举目无亲

举目无亲，就是看见的个个都是陌生人，"个个"和"生"合在一起，就是"笙"字。很显然，它对笙的外形、使用、声音、颜色等一切外部特征都不理会。

我们再看同样以"星"为谜底，谜语的谜面是：

棋子多，棋盘大。只能看，不能下。

它以棋盘喻天空，以棋子喻星。又以"只能看，不能下"说明并非

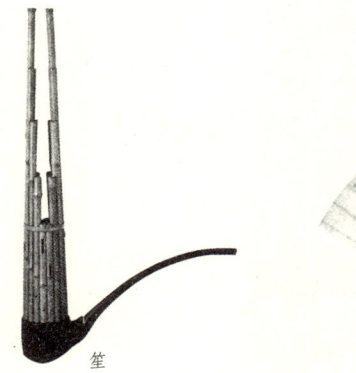
笙

明 陈洪绶 《秋江泛艇图》

是真的棋盘和棋子，构思非常巧妙。而灯谜的谜面是：

诞辰

"诞辰"就是"生日"，"生"字和"日"字合在一起，就是一个"星"字。这里，对星星的一切特征都不理会。

谜面的形式不同 谜语的谜面，一般是民歌或儿歌的形式，句数不等，但以四句的居多。它要求口语化，让人听得懂，而且琅琅上口，便于记忆。谜面要紧扣事物的外部特征。比如以"风"为谜底的谜语："水皱眉，树摇头，花儿见它鞠躬，云儿见它溜走。"以"鹅"为谜底的谜语："头戴红帽子，身穿白袍子，走路摆架子，说话伸脖子。"

谜语的谜面也可以比较典雅，比如我们上面举到的民间流传的"竹篙"谜等，它们被称作"文艺谜"。我们来比较同样以"扇子"为谜语的两则谜语。

普通谜语：

平日一条线，张开一大片。
夏天闹得欢，冬天看不见。

文艺谜：

天生雅骨自玲珑，能画能书点缀工。
毕竟卷舒难自主，只缘身在热场中。

黎孟德 《静夜思》

两则谜语都是通过对扇子（折扇）的特征作形象描写，但是却有雅俗之分。

灯谜的谜面一般都比较短小，最短的可能只有一个字。它要求字字精炼，概括性强，而且一般字字都有着落，多余的字一概不要。比如以"瀑布"打一成语，谜底是"高山流水"。以"泵"打一成语，谜底是"水落石出"。

当然，灯谜的谜面也可以长一些，但是一定要贴切。比如下面这则灯谜（按：后面加"*"号的谜皆为作者自制，下同）：

留下一片白茫茫大地真干净（谜面为《红楼梦》一句）（打歌名一）*

谜底是"《一无所有》"。

灯谜的文字也可以使用俗语，有时别有一种生趣，比如：

做贼人半路又遇强盗　（打字一）*

谜底是"戎"。贼人遇强盗，被抢去偷来的财物（"贝"），"贼"字去掉"贝"字，就是"戎"字。

再如：

各人把脚缩回去　（打字一）*

谜底是"名"字。

但是,灯谜的谜面一般都比较典雅,甚至使用现成的古诗文作谜面。比如下面这一则灯谜:

随君直到夜郎西(打歌名一)*

谜底是"《月亮代表我的心》"。谜面是李白《闻王昌龄左迁龙标遥有此寄》诗句,这句诗的上句是"我寄愁心与明月"。

再如:

原来姹紫嫣红开遍,似这般都付与断井残垣(打《红楼梦》人名一)*

谜底是"花自芳"。这则灯谜的谜面是汤显祖《牡丹亭》中的名句。

猜射的方法不同　　谜语的特点是注重事物的外部特征,所以在猜谜语时,也多从谜面所描述的事物的形状、大小、声音、颜色、用途等方面去联想。比如这样一则谜语:

老师不说话,肚里学问大。
有字不认识,都要请教它。

有字不认识怎么办?我们首先想到的是去问老师,但是这个老师怎么会不说话呢?很显然,它不是我们通常意义上的老师。那么我们就会联想,有字不认识,不去问老师又怎么办呢?那当然是查字典了,这样,我们就猜出了这则谜语的谜底"字典"。

再比如下面这一则谜语:

小珍珠,真可爱。
只能看,不能采。
小淘气,不听话,
一动手,就碰坏。

（明）徐渭 《放风筝》

"小珍珠，真可爱"，说明这一定是一种小小的、圆圆的、亮晶晶的东西。"只能看，不能采"，使我们想到它和真正的珍珠会有很大的区别。那么究竟是什么呢？后面四句说不听话的"小淘气"，也就是那些小孩，偏要去采它们，结果一碰就坏，我们会很快联想到"露珠"。

灯谜是通过对谜面的字义进行推敲，来寻求谜底，尤其是要利用汉字本身的一些特点，以寻求"别解"。

比如以"妇女节"打一气象名词。我们可以把它分成"妇"和"女节"，理解为"妇"字把"女"旁"节"掉，就剩下"彐"，而"彐"是"雪"字的下面部分，这样我们就猜出它的谜底是"下雪"。

再比如我们以"光头"打一字。我们不从"光头"指"没有头发"这个意思上去联想，而是把它理解为"'光'字的'头'"，这样，我们就可以猜出它的谜底是"小"字。

制作的规则不同 谜语的制作要求比较宽松，谜面谜底中可以出现相同的字，比如"风筝"谜：

借得无边东风力，鸟雀飞到半天空。

用根丝线来相连，只怕下雨不怕风。

谜底是"风筝"，而谜面两次出现了"风"字，这在谜语是可以的。而灯谜的谜底谜面不准出现相同的字。比如我们前面举到的苏东坡的"砚盖"谜：

研犹有石，岘更无山，姜女既去，孟子不还。

佛印就批评他说："'研'字和'砚'字古通，你在这里露底了。"据说苏东坡因此把第一句改作了"砂已不少"。

灯谜并不是完全不允许谜面谜底出现相同的字，有一种特殊的谜格叫"露春格"（也叫露面、露白、泄白、偷香），允许谜底中的字出现在谜面中。比如以"悬崖勒马"打一国名，谜底是"危地马拉"，非常精彩，但是，谜底、谜面都有"马"字，必须要标明是"露春格"。有人认为应该改作"悬崖收缰"。但是，"悬崖勒马"是一个成语，而"悬崖收缰"则属生造，这种情况，就不如使用"露春格"为好。当然，这种谜格还是以少用为佳。

灯谜一般是要写出来的，谜底谜面的字，除了极少数的"格"以外，不准用同音字替代，而谜语往往是口头表述，有时可以用同音字来迷惑对方。比如这样一则谜语：

大字（自）加一点，不作太字猜。你若猜作犬，还是没有猜出来。

为什么"大"字加一点，不能猜作"太"和"犬"字呢？原来，它利用同音字，说的是"大自"加一点，所以谜底是"臭"字。而这在灯谜是绝对不允许的。

谜目范围的宽窄不同 谜语是通过对事物的一些外部特征进行描摹来制作和猜射的，对于比较抽象的概念，则无能为力。比如以"机"字为例，"机床""机器""拖拉机""收割机""洗衣机""推土机""飞机""打字机""抽水机""发电机"等具体的东西，都可以编成谜语，而"机会""机遇""机动""契机""先机""时机""良机"等没有具体形象特征的抽象概念，谜语就无能为力了。

因此，谜语的谜目范围相对比较狭窄，一般是笼统地称为"打一物""打一生活用品""打一食品""打一文化体育用品""打一自然现象""打一动物""打一植物"等。

而灯谜因为是仅从字面去会意理解，所以它几乎无所不包，从理论上讲，几乎没有什么不能用来制谜的。它的谜目也就多而且细，比如它不能笼统地称"打一物"，而必须指明是"打一乐器""打一工具""打一纺织品""打一文化用品""打一体育用品"等。

谜语的结构

谜语的基本结构

谜语和灯谜，至少由三个部分组成，即谜面、谜目和谜底。比如：

潺潺流水　（打字一）*

这一则灯谜中，"潺潺流水"就是"谜面"，它以隐语的形式书写出来，供猜谜者去分析联想，寻找隐含在其中的答案。

但是如果仅仅就这样一个谜面让人去猜，会给人一种无从下手的感觉，因为猜谜者不知道该从哪一个地方入手，或者说不知道谜底属于哪一类型的东西。所以，制谜者一定要告诉猜谜的人，这一则谜语的谜底在哪一个范围之内，这就是"谜目"。比如上面这一则谜语的"打一字"就是谜目，它界定了这则谜语的谜底是一个字，猜谜的人就不会漫无边际地去瞎猜了。

人们根据对谜面和谜目的分析联想，猜出了谜面所隐含的结论，这就是"谜底"。比如上面这一则谜语，"潺"字"流"去了"水（氵）"，就剩下"孱"字，就是这一则谜语的"谜底"。

谜面，是一则谜语成败的关键，它可以是文字，也可以是图画、故事、动作、棋类、符号、数字、字母、篆刻等。不管是哪一种形式，都要求准确、生动、精炼、含蓄。好的谜面，本身就会给人以美感，比如以诗词名句、戏曲唱腔挂面。它不能过于显露，让人一听就知道谜底。

记得读中学的时候，有一次大家以各人的姓制谜玩。其实大部分人都不懂谜，当然也没有制出来。有一位姓张的同学制出来了，是"一弓之长也"，这等于是把谜底告诉了别人，引得大家一阵笑骂。

再比如有人以"一只黑狗"（打字一）射"默"；以"一对胖夫妻"（打一地名）射"合肥"，都太显露，几乎一看就知道谜底，没有一点谜味，猜的人也就会兴味索然。

但是谜面又不能太晦涩，或专业性太强，让人无从着想，比如有人以"猪八戒的脊梁"为谜面打一成语。谜底是"无能之辈"，因为猪八戒的法名是"猪悟能"，谐音"无能"，"脊梁"就是"背"，谐音"辈"，这则谜语的谜面就太晦涩了一点。

同样的道理，谜底也不能太生僻，比如有人以"暗策"（徐妃格）打化学名词一，谜底是"嘧啶"。且不说带格的谜本身就不好猜，而且"嘧啶"究竟是什么，恐怕绝大多数的人都不知道，也就根本无法去猜（嘧啶，是一种含有两个氮原子的六员杂环有机化合物）。

一般地说，一则谜语的谜目越细就越好猜，因为它思考的范围相对小一些。比如以屈原《离骚》诗句"春与秋其代序"为谜面，谜目是"打一人名"，范围太广，不好猜；如果改成"打古小说人名一"，范围就小得多；再把谜目改为"打《水浒》人名一"，范围就窄了，我们就比较容易猜出它的谜底是"时迁"了。

除了谜面、谜目和谜底以外，有的灯谜还有"谜格"。

谜格，是对谜底的一些特殊的构成要求，它主要是对谜底进行一些文字上的变化处理。归纳起来，大致有读音、排列、分拆、增损几种类型。

读音，是利用汉字同音字音同义不同的特点创制的谜格，比如我以"一夜飞渡镜湖月"打《三国》人名一。谜面是李白《梦游天姥吟留别》诗句。李白没有去过天姥山，而是"梦游"，这句诗的上一句就是"我欲因之梦吴越"，所以他飞渡镜湖而到达天姥山，是梦中到达的，谜底应该是"梦达"，但是《三国演义》中没有"梦达"，只有"孟达"，第一个字音同字不同，我们就可以使用"白头格"，也就是第一个字规定是别字。这则谜语的谜底就是"孟达"。当然，还可以是中间或结尾的字，甚至谜底所有的字都用别字的。

排列，是谜底在两个字以上，可以把它们的位置顺序重新排列。比如以"同学"为谜面，打曲牌名一，谜底是"〔伴读书〕"。"同学"的本意是"读书伴"，把谜底的第一个字移到最末，就可以与谜面相扣，这种谜格叫"下楼格"。这种位置顺序重新排列的形式还有多种多样。

分拆，是利用汉字由偏旁部首组成，有些字可以分拆开来，成为两个或两个以上的字的特点创制的谜格。比如用"不搞计划生育"打词语一，谜底是"好多"，它的第一个字"好"须分读成"子女"，加上"多"字，成"子女多"，才与谜面相扣合。这种把谜底第一个字分拆成两部分的规定方法，就是谜格中的"虾须格"。除了上面所举的第一个字分拆开来的谜格以外，还有分拆其他部分字的谜格。

增损，是在谜底中加上或减去几个字的谜格。比如谜格中的"求凰格"，要求谜底和谜面对仗，然后在谜底前后加上"对、合、会、偶、齐、双、连"等字，比如用"新都"打京剧名一，谜格是"求凰格"。"新都"可与"古城"成对，再在后面加上一个"会"字，就成了"《古城会》"，也就是谜底。

上面的例子是增字类，下面这个例子就是减字类。比如以"你若露齿我先笑，你若烦恼我担忧"打五言唐诗一句，谜底是"总是玉关情"。

谜面是越剧电影《红楼梦》中贾宝玉的一句唱词，谜底应为"总是宝玉关情"，去掉"宝"字，就是谜底。这种在谜底中删去一二字的谜格，叫"藏珠格"。

谜格的使用，使谜的范围大大加宽了，一些本来很难，甚至根本无法制谜的内容，因为有了谜格而变成了可能，而且也增加了制谜猜谜的趣味性。但是也应该看到，由于采用了谜格，使猜谜的难度也相应地增大了许多，所以，有人主张不用谜格。我们的意见是，谜格不可不用，但不可用得太滥，尤其是一些很生僻的谜格，应尽量避免使用（比如上面举到的"藏珠格"）。

常用谜格

谜格的出现是很早的，但是，到明代才被规范命名，最早的谜格以所谓"广陵十八格"为代表，不过十多格，而到晚清时期，猛增到四百余格，其中许多非常生涩，不利于谜语的普及和发展，民国以来，才又逐渐由繁至简。下面，我们就介绍一些常用的谜格。

《古城会》（年画）

读音类

白头格（又称皓首格、素冠格、寿星格、雪帽格、白首格、粉面格、冠玉格等）　谜底在两字以上，第一个字以谐音扣谜面，也就是说，第一个字规定要用一个别字。比如"保外就医"（白头格），打《红楼梦》人名一，谜底是"贾赦"。

这里"贾"与"假"谐音，"保外就医"，并不是真正释放赦免犯人，只算是"假赦"，把第一个字换成同音的"贾"字，就是谜底"贾赦"。

再举几个例子：

暗河（白头格）（打《聊斋》篇名一）　　　　谜底：《钱流》*

"暗河"就是看不见的河流，也就是"潜流"，这里"潜"与"钱"谐音，以"潜流"扣合谜面，然后把"潜"字换成同音的"钱"字，就是谜底《钱流》。

和氏璧（白头格）（打《红楼梦》人名一）　　谜底：甄宝玉*

和氏璧的故事大家都很熟悉，这一块秦王愿意拿十五座城池来交换的美玉，后来被秦始皇制成了传国玉玺，堪称"真宝玉"。"甄宝玉"是《红楼梦》中的一个人物，将"真"字换成同音的"甄"字，就是谜底。

粉底格（又称踏雪格、履雪格、立雪格、素履格、白足格）　谜底在两个字以上，最末一字以谐音扣合谜面，也就是说，最末一字规定要用别字。比如：

木偶　（粉底格）（打中药名二）　　　　　　谜底：桃仁、杏仁*

木偶，就是用桃木或杏木等做的假"人"，以"桃人、杏人"扣合谜面。这里"仁"与"人"谐音。

桃花源里人（粉底格）（打《水浒》人名一）　　谜底：秦明*

陶渊明在《桃花源记》中描写的桃花源里的人，都是秦末避乱逃来的，而且"不知有汉，无论晋、魏"，也就是说，他们都是秦朝的百姓，以"秦民"扣合谜面。"明"与"民"谐音，所以谜底就是"秦明"。

鸡蛋　（粉底格）（打《三国》人名一）　　　　谜底：黄忠*

"黄"在这里指"蛋黄"，鸡蛋的蛋黄就在蛋的中间，也就是"黄中"。"忠"谐音"中"，谜底就是"黄忠"。

素腰格（又称玉带格、玉腰格、素心格）　谜底必须是三个字以上的单数，中间一个字以谐音扣合谜面，也就是说，正中的那一个字规定要用别字。比如：

应是绿肥红瘦（素腰格）（打现代作家名一）　谜底：叶君健*

谜面是宋代女词人李清照著名的《如梦令》词中的名句。"绿"指叶，"红"指花。"绿肥"指叶茂，"红瘦"指花稀。谜底以"叶均健"扣合谜面。正中一个"均"字换成同音的"君"字，也就是用一个别字，这样，"叶君健"就是谜底。

食品厂（素腰格）（打军事术语一）　　　　　谜底：制高点

食品厂不就是"制糕点"吗？把中间那个"糕"字换成同音的"高"字，就成了军事术语"制高点"，也就是本谜的谜底。

还有一个非常有趣的素腰格谜，谜面是"托儿所"，打京剧名一。谜底是"群英会"，因为托儿所不就是"群婴会"吗？把"腰"上那个

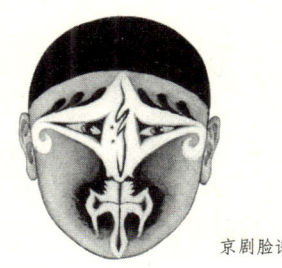

京剧脸谱时迁

"婴"字换成"英"字,就是正确的谜底。

梨花格(又称飞白格、谐音格、白水格、玉人格、全白格)　谜底须在两字以上,全为谐音字,即全用别字。比如:

　　鸡蛋上的苍蝇(梨花格)(打《三国》人名一)　　谜底:丁奉*

俗话说,苍蝇不叮没有缝的鸡蛋,鸡蛋上的苍蝇,自然就是在那里"叮缝"。丁奉是三国时吴国的大将,这里"丁奉"与"叮缝"谐音。

　　万(梨花格)(打《水浒》人名一)　　谜底:时迁

"万"就是"十千",与"时迁"谐音。

亥豕格(又称鲁鱼格、焉鸟格)　"亥"和"豕"、"鲁"和"鱼"、"焉"和"鸟"都是形近字,"亥豕格"就是有意利用这种特性,谜底必须在两字以上,要求把其中的一个或几个字读成字形相近的错字来扣合谜面。比如:

　　万国咸宁(亥豕格)(打我国地名一)　　谜底:大冶

"万国咸宁"的本意是"大治","治"与"冶"形近,所以谜底是"大冶"。再比如:

　　从此君王不早朝(亥豕格)(打我国地名一)　　谜底:娘子关

谜面为白居易《长恨歌》诗句,原意是因为杨贵妃太美,所以唐明皇连早朝都不愿意上了,意即为"娘子美"。"美"与"关"形近,所以谜底是"娘子关"。

排列类

卷帘格　谜底必须三个字以上，从后向前倒读以扣合谜面。比如：

　　锣、钹、钟、铙（卷帘格）（打俗语一）　　　谜底：敲边鼓*

　　锣、钹、钟、铙都是打击乐器，在乐队中，它们一般都和鼓在一起，组成打击乐，它们的特点就是在"鼓边敲"，但是，俗语中没有"鼓边敲"，我们从末一个字倒着读过去，就成了"敲边鼓"，这就是一条俗语，也就是谜底。

再比如：

　　石榴（卷帘格）（打饮料名一）　　　谜底：果子露

当从最末一字倒读为"露子果"，才与谜面相扣合。

秋千格（又称转珠格、颉颃格、千秋格）　谜底限定为两个字，两字位置对调以扣合谜面。比如：

　　枪决（秋千格）（打《三国》人名一）　　　谜底：法正*

"枪决"就是"正法"，二字位置对调，即"法正"。再比如：

　　汉皇（秋千格）（打《聊斋》篇名一）　　　谜底：《刘姓》*

"汉皇"都"姓刘"，二字位置对调，就是"刘姓"。

上楼格（又称登楼格、魁斗格）　谜底在三个字以上，将谜底的最末一字移到最前面以扣合谜面。比如：

　　姹紫嫣红开遍（上楼格）（打词牌名一）　谜底：《满庭芳》*

谜底"满庭芳"，须将最末一字移至前面，成"芳满庭"，才与谜面相扣合。再比如：

醉翁亭

醉翁之意在酒否（上楼格）（打古代书法家名一）谜底：欧阳询*

"醉翁之意不在酒，在乎山水之间也"，是欧阳修《醉翁亭记》中的名句。谜面变成问句，当然是询问欧阳修，也就是"询欧阳"。把谜底后一字移到最前，就与谜面扣合。

下楼格（又称低头格、埋头格、落雁格）　谜底在三个字以上，将谜底的第一字移到最末以扣合谜面。比如：

巨龟　（下楼格）（打《聊斋》篇名一）　谜底：《八大王》*

谜底"《八大王》"，须把第一字"八"移到最末，成"大王八"，才与谜面相扣合。再比如：

虎瘟　（下楼格）（打《水浒》绰号一）　谜底：病大虫

"虎瘟"即"大虫病"，将谜底"病"字移到后面，就与谜面扣合。

掉头格（又称掉首格、睡鸭格、拗颈格、低首格、乙上格）　谜底在三个字以上，第一字和第二字调换位置。比如：

醉打蒋门神（掉头格）（打成语一）　谜底：恩将仇报

《水浒传》中武松醉打蒋门神，是替施恩报仇，也就是"将恩仇报"的意思。把第一字与第二字的位置交换，就是谜底"恩将仇报"。

唐明皇粉墨登场（掉头格）（打《红楼梦》人名一） 谜底：王君效*

"效"在这里是扮演角色的意思。谜底"王君效"第一字与第二字交换位置，成"君王效"，才与谜面相扣合。

掉尾格（又称调尾格、掉足格、乙下格、下钩格） 谜底在三个字以上，最后两个字互相交换位置。比如：

别时容易见时难（掉尾格）（打词牌名一） 谜底：思帝乡

谜面是李后主《浪淘沙令》中的句子，全词是：

帘外雨潺潺，春意阑珊。罗衾不耐五更寒。梦里不知身是客，一晌贪欢。 独自莫凭栏，无限关山。别时容易见时难。流水落花春去也，天上人间。

刻画的是一位思念故乡的亡国之君，所以，谜底是"思乡帝"。但是"思乡帝"不是词牌名。现在把第二个字与最后一个字交换位置，成"思帝乡"，就是一个词牌名了，这也就是谜底。

阿房宫中荷花开（掉尾格） 打剧目名一 谜底：《秦香莲》

"阿房宫"为秦始皇修建的宫苑，"荷花"又名"莲花"。谜底"《秦香莲》"末尾二字交换位置，成"秦莲香"，才与谜面相扣合。

分拆类

虾须格（又称丫髻格、雅髻格、破头格） 谜底的第一字，分成左右两个字来扣合谜面。比如：

对外开放（虾须格）（打《三国》人名一） 谜底：何进*

谜底将第一字"何"分拆成"人可"二字，读成"人可进"，才与谜面相扣合。

曹操脸谱

如果谜底的第一字是上下结构，也分拆成两个字来扣合谜面，被称为"蝇头格"，与"虾须格"一起被合称为"歧头格"。现在，为了简化谜格，也可以合称"虾须格"。比如：

野火烧不尽（虾须格）（打《聊斋》篇名一）谜底：《董生》*

谜面是白居易诗中的名句，下句是"春风吹又生"，也就是"草重生"的意思。"《董生》"的"董"字，分拆为"艹（草）"和"重"两个字，才与谜面相扣合。

蜂腰格（又称中分格、断锦格、展翼格） 谜底在三个字以上，须将正中一字分拆成两个字来扣合谜面。比如：

隆中决策（蜂腰格）（打中国地名一） 谜底：三岔河

将"岔"字分拆为"分""山"二字，成"三分山河"，才与谜面相扣合。这是将一个字上下分开，称"蜂腰格"。如果把一个字左右分开，又称为"展翼格"。现在，为了简化谜格，统称为"蜂腰格"。比如：

曹孟德粉墨登场（蜂腰格）（打体育类别一） 谜底：艺体操

将"体"字分拆为"人本"二字，成"艺人本操"，才与谜面相扣合。这种把中间一个字左右分开的，又叫"展翼格"。

燕尾格（又称燕翦格） 谜底的最末一字，分成左右两个字来扣合谜面。比如：

皆得千金（燕尾格）（打词语一） 谜底：同姓

谜底末一字须分成"生""女"两字，即"同生女"，才与谜面相扣合。

如果谜底的最末一字分成上下两个字，叫做"蜓尾格"，与"燕尾格"合称"分尾格"。现在，为了简化谜格，也可以合称"燕尾格"。比如：

风吹牛羊见（燕尾格）（打中药名一）　　　　　　谜底：青蒿*

谜面节自古诗《敕勒歌》，原句是"风吹草低见牛羊"。风吹草低牛羊才现出来，说明青草长得很高。谜底"青蒿"末一字分拆为"草高"二字，才与谜面相扣合。

碎锦格（又称破镜格、堆金格、汉印格）　谜底的每一个字，都必须分解为两个或两个以上的字，然后组合起来扣合谜面。比如：

木乃伊（碎锦格）（打中药名一）　　　　　　谜底：杜仲

谜底分拆为"土""木""中""人"，才与谜面相扣合。再比如：

众口一词　（碎锦格）（打邮电用品一）　　　　　　谜底：信筒

谜底分拆成"人言个个同"，才与谜面相扣合。

增损类

徐妃格（又称半妆格、齐飞格）　谜底两个或两个以上的字，必须偏旁相同，去掉相同的偏旁，才与谜面相扣合。比如：

十去其一　（徐妃格）（打动物名一）　　　　　　谜底：犹狳

谜底"犹狳"去掉相同的偏旁"犭"，剩下"余九"，才与谜面相扣合。

瓢（徐妃格）（打动物名一）　　　　　　谜底：狐狸

狐狳

狐狸

谜底"狐狸"去掉相同的偏旁"犭",剩下"瓜里",才与谜面相扣合。

揭顶格（又称雍正格、摩顶格、摘盖格、摘遍格）　谜底是两个或两个以上的同部首的字,相同部首在字的上部,去掉相同的部首,剩下的部分才与谜面相扣合。比如:

　　　　猪场添新（揭顶格）（打一词语）　　　　　　　谜底:家室*

"猪场添新",即有新的猪来到。猪又称"豕"。所以"猪场添新"就是"豕至"。谜底"家室"去掉相同的部首"宀",才与谜面扣合。

如果只去掉第一字的上部,就叫"摘顶格",但很少使用,一般所说的"摘顶格",也就是"揭顶格"。

放踵格　如果去掉的相同部首在字的下部,就叫放踵格。比如:

　　　　换人（放踵格）（打一词语）　　　　　　　　谜底:忐忑

体育比赛中换人,就是有人"上",有人"下"。谜底"忐忑"去掉下部相同的部首"心",才与谜面扣合。

蝉蜕格　谜底是两个或两个以上同偏旁部首的字,但是要加上相同的偏旁部首,才是真正的谜底（与徐妃格正好相反）。比如:

　　　　无限时空（蝉蜕格）（打一连词）　　　　　　谜底:由于

鳖

"无限时空"指"宇宙"。"宇"指空间的无限,即上下四方;"宙"指时间的无限,即古往今来。但"宇宙"不是连词,谜底"由于"加上相同的部首"宀",才与谜面扣合。

泥石流(蝉蜕格)(打中药名一)   谜底:丹皮*

"泥石流"的意思是"坍坡",谜底"丹皮"加上相同的偏旁"土",才与谜面扣合。

求凰格   谜底要求与谜面成对,然后再加上对、配、会、齐、连、合、同、匹、偶、朋、伍、逢、共、交、伴、缘、相会、相对等,所加的字必须与其他文字合成有意义的词组。比如:

冬夏(求凰格)(打剧目名一)   谜底:《春秋配》

春、夏、秋、冬为一年四季,谜面是"冬夏",当然就应该以"春秋配"了。《春秋配》是著名京剧剧目。再比如:

脚鱼(求凰格)(打动物名一)   谜底:比翼鸟*

"脚鱼"是"鳖"(甲鱼、团鱼)的俗称。"比翼鸟"是爱情的象征。白居易《长恨歌》中就有"在天愿作比翼鸟"的诗句。

其他类

遥对格(又称对偶格、锦屏格、楹联格、鸳鸯格)   与"求凰格"很相似,但是没有附加字,纯粹是一副对联。比如:

有求必应（遥对格）（打一成语）　　　　　谜底：无欲则刚*

"无欲则刚"是林则徐对联"海纳百川，有容乃大；壁立千仞，无欲则刚"中的名句。

外放（遥对格）（打电脑配件一）　　　　　谜底：内存*

"外放"是官场术语，指中央官员被派到地方任职。

系铃格　　利用汉字一字多音多义的特点，将谜底中有的字读作他音（称"圈读"），改变了原意，以扣合谜面。比如

福尔摩斯假死（系铃格）（打成语一）　　　谜底：东躲西藏*

最早介绍到中国的《福尔摩斯侦探记》是文言文翻译的，其中有一篇说福尔摩斯在与他最大的敌人决斗的时候，双双坠入山谷，作者柯南道尔还发出了"英雄已矣"的感叹。但是读者不答应了，作者不得不让福尔摩斯复活。于是安排他坠崖后并没有死，为了躲避对方党羽的追杀，到了中国西藏。谜底"东躲西藏"就是说的这件事。这把西藏的"藏（zàng）"读作"藏（cáng）"，就是谜底。

骊珠格（又称探骊格、隐目格）　　一般灯谜都须明标谜目，唯独"骊珠格"谜则不能标明谜目，而是把谜目隐藏在谜底之中，二者连成一个完整的意思与谜面相扣合，作为这一则灯谜的谜底。比如：

今夜月明人尽望（骊珠格）　　　　　　　　谜底：首都"仰光"

"首都"本身应该是这一则灯谜的"谜目"，现在和"仰光"合在一起，构成一个完整的意思，读作"首，都仰光"，才与谜面相扣合。

谪仙乔迁（骊珠格）　　　　　　　　　　　谜底：诗人"白居易"

"诗人"本身应该是这一则灯谜的"谜目"，现在和"白居易"合在一起，构成完整的意思，读作"诗人白，居易"，才与谜面相扣合。

在这些谜格中，卷帘格、秋千格、徐妃格和求凰格被称为"四大谜格"。

有时候，一则谜语也可以同时使用几个谜格。比如：

脱毛（秋千格、徐妃格）（打物质一）　　　　　　谜底：玻璃*

"脱毛"的本意，是指毛"离开了皮"，"离皮"倒过来就是"皮离"，"玻璃"去掉相同的偏旁"王"，即"皮离"，与谜面相扣合。

扈江蓠与辟芷兮，纫秋兰以为佩（白头格、素腰格）（打《三国》人名一）　　　　　　　　　　　　　　谜底：孙尚香*

这则灯谜的谜面是屈原的著名长诗《离骚》中的诗句，意思是屈原把江蓠、辟芷、秋兰等香草采集起来挂在身上，作为自己的佩饰，用以比喻自己美好的才能。身上挂满香草，自然就会很香，简化为"身上香"，第一字和中间一个字别读，谜底就是"孙尚香"（谜底仅最末一个字正确，其余的全是别字，在谜格中被称作"朱履格"，不常见）。

灯谜的规则

灯谜的基本要求

谜语本身并没有什么规则和禁忌，但是由于灯谜的一些特殊性，人们在长期的猜谜制谜实践中，也就约定俗成地对灯谜有了一些要求，有一些谜书就把这些要求归纳起来，成为灯谜的规则。这些规则，有些是十分必要的，它使灯谜的制作和猜射变得有序，对制谜者和猜谜者进行一定的规范，反而使灯谜更好猜一些，不然，制谜者按自己的标准制谜，猜谜者按自己的标准猜谜，就很难想到一块儿去了。

制定一定的规则，也可以使灯谜的艺术性更强。有的灯谜，虽然有

茅屋故居（成都杜甫草堂）

道理，也可以让人猜得出谜底，但是却不能给人以美感享受，总让人感到生硬造作，就像一位蹩脚的厨师烹调的菜肴，虽然也可以充饥，但是却不可口。

一则好的灯谜，应该做到雅、趣、巧、达。

所谓雅，是指谜面要精炼典雅，有的仅仅一二字，就已经相当传神。比如以"十"字为谜面，打一字，谜底是"思"。"十"字，是"田"字的"心"，"田""心"两个字再合成"思"字，谜面非常精炼。

再比如我以"龙"字为谜面，打港台歌星一，谜底是"龙飘飘"，谜面也非常形象。

有的谜语，谜面非常典雅，句子很优美，甚至直接用古诗文名句挂面，本身就给人一种美感。比如下面这几则谜语：

秋水共长天一色（打歌名一）

谜底：《清粼粼的水，蓝格莹莹的天》*

谜面为唐王勃《滕王阁序》中的名句，描写秋高气爽，天空湛蓝，秋水明净，一碧万顷，天光与水影交相辉映的美丽景色。用歌剧《小二黑结婚》中的名曲《清粼粼的水，蓝格莹莹的天》为谜底来扣合它，非常贴切。

布衾多年冷似铁（打《西厢记》一句）谜底：冻得来战战兢兢*

谜面是杜甫的名诗《茅屋为秋风所破歌》中的句子，写一场秋风卷去诗人屋上的三重茅草，又遇到"雨脚如麻未断绝"，致使"床头屋漏无干处"，就是这一床用了多年"冷似铁"的"布衾"，也被"娇儿恶卧踏里裂",扣合谜底"冻得来战战兢兢",非常贴切。

　　已诉征求贫到骨（打五言唐诗一句）　　　　谜底：妇啼一何苦*

　　谜面为杜甫《又呈吴郎》诗句。杜甫家西邻有一位无儿无食的贫苦老妇人，经常到杜甫的院子里来打枣充饥，杜甫从来不干涉她。后来，杜甫把房子借给一个姓吴的远房的侄子居住，这位吴郎就在院子边插上篱笆，不再让那位贫苦的老妇人来打枣子了。杜甫知道这件事后，写了这首诗，很委婉地批评了他。全诗是这样的：

　　　　堂前扑枣任西邻，无儿无食一妇人。
　　　　不为困穷宁有此？只缘恐惧转须亲。
　　　　即防远客虽多事，便插疏篱却认真。
　　　　已诉征求贫到骨，正思戎马泪盈巾。

　　谜底是杜甫著名的"三吏""三别"中的《石壕吏》中的句子，无须解释，都可以看出与谜面丝丝入扣。

　　静女其姝，俟我于城隅。爱而不见，搔首踟蹰。（打电影名一）
　　　　　　　　　　　　　　　　　　　谜底：《被爱情遗忘的角落》*

　　谜面是《诗经·邶风·静女》诗句，描写一位青年在城角的幽静之处等候爱人，但是不知道什么原因，爱人迟迟未到，他非常着急，坐立不安。扣合谜底"《被爱情遗忘的角落》"，可谓一字不易。
　　所谓趣，是指要有谜味谜趣，文字不须艰深，而却很谜境深远，让人猜出谜底以后，还会回味无穷，对制谜者的匠心巧思击节赞赏。比如下面的几则谜语：

　　日足下平地（打字一）　　　　　　　　　　　　谜底：且*

　　谜面为杜甫《羌村三首》中的诗句。在谜语中，有时以"一"代表大地。这一则谜语的佳处，在"日足"二字，"日"（太阳）本是没有足的,但"日"字左右两竖向下伸,就像长出了双足一样,然后"踏"在"一"上,扣合"下平地",非常形象,妙趣横生,令人忍俊不禁,实为不可多得的佳谜。

蠹鱼(打成语一) 谜底:咬文嚼字*

"蠹鱼"是一种专门蛀食书籍的小虫,扣合谜面饶有趣味,明人冯惟敏〔满庭芳〕《书虫》就说:"蠹鱼虽小,咬文嚼字。"

量这些大小车儿如何载得起(粉底格)(打外国运动员一)
谜底:马拉多纳*

谜面是《西厢记》中的一句,写张生和崔莺莺长亭分别时离愁别绪太多。故事发生在古代,当时的车是马车,所以可以射为"马拉多啦",因为是粉底格,把最后一个字换成"纳",就是谜底。外国人的名字因为一般是音译,所以是很不好入谜的,这则谜语也就显得很有趣。

老向下弯(打字一) 谜底:考*

乍一看,谜面没有主语,有人可能会问:"是什么老向下弯?"其实这则谜语趣味也就在这里,它的意思是"'老'字(最后一笔)向下弯",也就成了"考"字。当你知道谜底以后,你一定会觉得很有趣。
所谓巧,是指构思巧妙,出人意表,也就因此产生无穷的谜味。比如下面几则谜语:

童养媳(打字一) 谜底:一*

谜面"童养媳"一般丈夫都是小孩儿,也就是"夫不大"的意思。"不大"可以理解为"不要'大'字"的意思,"夫"字去掉"大"字,当然就只剩下"一"了。构思确实很精巧。

梦断春日(打字一) 谜底:春*

黎孟德 《早发白帝城》

这则谜语构思也是非常精巧的,"春"字中的"日"字从中断开,成为"臼"字,真是匪夷所思,一般人很难想到这里。

长言(打字一)　　　　　　　　　　　　　　谜底:日*

乍一看,"长言"和"日"字是风马牛不相及,拉不上一点关系,但是再仔细一想,"言"就是"说",在古汉语中,又可以称为"曰"。"曰"是一个扁扁的字,那么让它变"长",岂不就成了"日"字了吗?构思不可谓不巧。

所谓达,就是要准确,谜底谜面扣合紧密,简直不可移易。不好的谜语,牵强附会,很难猜中,即使公布谜底,也会让人感到很勉强。我们来看下面这几则谜语:

朝发白帝,暮至江陵(打词牌名一)　　　　谜底:《下水船》*

这则谜语的谜面是郦道元《水经注》中的名句,上下句合起来是"或王命急宣,有时朝发白帝,暮至江陵,其间千二百里,虽乘奔御风不以疾也",形容船行之快。在长江中一天要行千二百里,只可能是"下水船"。

待到重阳日,还来就菊花(打《西厢记》一句)

　　　　　　　　　　　　　　　　　　　　谜底:约定九月九*

谜面是唐代诗人孟浩然《过故人庄》中的名句，两句诗本来就是诗人与主人定约，还要再来探访，"重阳日"紧扣"九月九"，可谓一字不易。

阿里山的姑娘（打字一）　　　　　　　　　　谜底：始*

"阿里山"是台湾山名，指代台湾；"姑娘"当然是"女"。"女"和"台"合起来就是"始"字。

灯谜的禁忌

灯谜的制作也有一些禁忌，虽然没有一个统一的标准，但是归纳起来，主要的也不外下面几条。

底面不准有重字

灯谜的谜面和谜底不准有任何一个字重复，换句话说，在谜面中出现过的字，就绝对不准在谜底中出现。如果确实需要，也应该寻找同义词来取代。比如以"上游水土流失"为谜面，打《西游记》地名一（上楼格），谜底是"流沙河"，将"河"字移到前面，成"河流沙"以扣合谜面，但是，因为谜面谜底都有"流"字，违反了灯谜底面不准有重字的规则，所以不能成立。

遇到谜面谜底有重字，有些情况是可以解决的，解决的办法是将不太重要，或者可以改动的一方作文字调整。比如有人以"席设森罗殿"为谜面，打《聊斋》篇名一（上楼格），谜底是"《阎罗宴》"，"森罗殿"就是阎罗王的宝殿，把宴席设在森罗殿上，当然是宴请阎罗王了，但是，谜底谜面都出现了"罗"字，违反了底面不准有重字的规则。谜面和谜底中，谜底是《聊斋》中的篇名，是不能更改的，只有在谜面上想办法，把它改成"席设阴曹地府"，这样，就避免了谜底谜面的重字了。这一则灯谜更好的是我以《聊斋》篇目"《鬼作筵》"为谜面，谜底仍是"《阎罗宴》"，以《聊斋》篇目射《聊斋》篇目，又避免了底面重字。

也有极少数的情况，谜底谜面有重复的字，而又简直无法移易，比如下面这一则谜语：

小姐啊，你不合临去也回头儿望。（露春格）（打《西厢记》一句）　　　　　　　　　　谜底：怎敌他临去秋波那一转*

　　这一则谜语底面均有"临去"二字，但是因为谜面谜底都是《西厢记》中的成句，因此底面都不能更改，遇到这种非常特殊的情况，只能采用谜格中的"露春格"，就是谜面已经把谜底中的个别字词"露"出去了。

谜面必须成文

　　谜语的优劣，除了上面所说的雅、趣、巧、达以外，很大程度取决于谜面的文采，至少，它应该成文（谜面是一个字或某种符号的例外），否则，它根本就不能构成谜面。比如以"风中"为谜面，打一字，谜底是"错"。因为"风"字的中间是一个"乂"，可以看作是错误的符号。如果我们以此类推，以"丙中"射"人"，以"哀中"射"口"，以"王中"射"十"，就都不能成立，因为"风中"可以成词，而"丙中""哀中""王中"则不成话了。

　　不仅如此，就是一些很生硬的词语或毫无意义的句子，也应该尽量避免，否则，即使勉强成谜，质量也不高。比如下面几则谜语：

　　悬人以嬉（打《聊斋》篇名一）　　　　　　　　谜底：《戏缢》

　　"悬人以嬉"就语不成文，把人吊起来玩，是什么意思？

　　邀自沪来（打词一）　　　　　　　　　　　　　谜底：申请

　　"邀自沪来"即"邀请自沪（上海）来"，意思虽然勉强可以理解，但语不成文。

　　汉寝唐陵无麦饭（打《聊斋》篇名二）谜底：《王成》《饿鬼》

　　"汉寝唐陵无麦饭"也是语不成文。"汉寝唐陵"指汉代唐代君王的陵寝，但"无麦饭"就不好理解了，至少也非常生硬，连在一起就更不成句。

　　半口吃一斤米（打字一）　　　　　　　　　　　谜底：断

谜底谜面可以扣合，但是"半口吃一斤米"是什么意思？"半口"怎么个吃法？这些都不是好谜，甚至根本就不能成谜。

谜面最好能与事实相符

有的谜语，谜面成文，底面也能扣合，但是，谜面所说的与事实相差太远，比如：

春雨连绵到秋凉（打字一）　　　　　　　　　　　谜底：秦

且不去说它的扣合是否贴切，谜面"春雨连绵"竟一直下到"秋凉"，那么夏天到什么地方去了呢？或者说从春到秋就一直在下雨吗？这在自然界是不可能出现的现象，所以不能成谜。

死人说话（打字一）　　　　　　　　　　　　　　谜底：层

谜面就与事实不符，死人怎么能说话呢？所以也不能成谜。

碗中行船（打字一）　　　　　　　　　　　　　　谜底：盘

谜面简直让人不能理解，碗中怎样行船？

还有这样的谜语，以"铁皮石榴"打国名"刚果"；以"红色面粉"打国名"丹麦"，扣合当然是没有问题，但是有"铁皮石榴"和"红色面粉"这样的东西吗？其实，制谜的材料多得很，简直可以说是俯拾即是，我们为什么一定要去创制些不成文义、不合事实的谜语呢？

谜面忌过于浅露

猜谜是一种娱乐游戏，谜面不宜过深，如果谜面太深，让大家都猜不着，也就失去了兴趣和意义。比如明、清时期，以八股文开科取士，"四书""五经"是每一个读书人必须熟读的，所以许多谜语都是以"四书""五经"中的句子为谜底，在当时，这是很普通的事。但是，如果有人今天仍然大量地以"四书""五经"中的句子为谜底来制谜，那就是存心不让人猜了（当然，个别大家都很熟悉的句子，比如《论语》《孟子》中的名句还是可以入谜的）。还有，过分专业化的术语、过分生僻的词语都不宜入谜。

但是，如果谜面过于浅露，让人一看就知，也就没有谜味了。比如有人以"学上面会下面"为谜面打一字，谜底是"尝"，谜面实际上已经把谜底告诉别人了。再比如有人以"四去四点"为谜面，打一字，谜底是"黑"，这也等于已经把答案告诉了别人。这样的谜是不成功的。

要避免浅露，除了提高文化素养以外，最重要的是要用谜语的别解法，让谜语显得曲折，谜味也就浓了。所谓别解，就是利用汉字一字多义、一字多音、一音多字等特点，不按常规去分析理解字面，而是别出心裁，另辟蹊径，去求得一种谜味。

比如我以"长短颠倒未"为谜面，打一字，谜底是"末"。谜面中的"未"字本是一个表疑问的虚词，是没有意思，甚至可以省略的，但是用谜语的别解法，将它作为一个实词来看待，谜面的意思就成了"把'未'字中一长一短的两横的位置颠倒一下"，当然就是"末"字了。

再比如我以"白金"为谜面，打《聊斋》篇目一，谜底是"《素秋》"。"白金"本是一种贵重金属，但是这里把它分拆开来，以"白"扣"素"很好理解，而"金"在这里已经不是黄金的金，而是五行金、木、水、火、土中的"金"，按五行的理论，"金"属西方，西方主秋，所以，"金"可以射"秋"，合起来，就是"素秋"。这就是利用汉字的多义性。

再比如我以"第一课"为谜面，打词一，谜底是"才学"。"第一课"，也就是"刚刚才学"的意思，"才"在这里是副词"刚才"的意思，但是谜底"才学"中的"才"，则是"才能"的"才"，这也是利用汉字一词多义的特点来制谜猜谜的。

再比如以"走远路"为谜面，打职务一（秋千格、系铃格），谜底是"行长"。"走远路"又叫"长行"，秋千格把两个字的位置颠倒过来，就是"行长"，但是这里的"行"已经不念"行走"的"行"，而要念"银行"的"行"了。这就是利用汉语一字多音的特点来制谜猜谜的。

汉字一音多字的特点，主要在谜语中使用，比如前面举到的以"大字（自）加一点"来打"臭"字，就是利用了"字""自"同音来求得谜味的。由于灯谜一般是要书写出来的，所以这种方法在灯谜中基本不用。

思想内容要健康

灯谜不仅仅是一种娱乐活动，而且可以寓教于乐，在猜制灯谜中受

到教育，获得知识。比如下面几则谜语

  马革裹尸英雄事，纵死犹闻侠骨香（打歌名一）
谜底：《血染的风采》*

  谜面是明末清初抗清英雄张煌言的诗句，表现出一种视死如归的英雄气慨，谜底则是一首鼓舞人心的革命歌曲。制作和猜射这一则谜语，都不仅是娱乐，还让人有一种振奋的感觉。

  一生正直清白，走路总是摸黑。为了教育后代，不惜身碎骨折（打文化用品一）   谜底：粉笔

  实际上是为我们树立了教师的光辉形象。

  农民普遍盖新房（打电影工作者名二） 谜底：村里、齐兴家

  谜底谜面为我们勾画了一幅十一届三中全会以后，改革开放给农村带来巨大变化的喜人景象。

  虽然并不要求每一则灯谜都有很强的思想性，实际上绝大多数灯谜都是没有什么特别的意思的，但是，一些不健康的，低级庸俗的，甚至内容错误的灯谜，却是应该避免的。比如有人以"四眼狗"为谜面打一字，谜底是"器"，谜底谜面扣合得不错，也很有谜味，但是，"四眼狗"在民间有时候是用来骂戴眼镜的人的，所以不太好。还有，有人以"裸体横陈"为谜面打俗语一，谜底是"睡不着"，谜底谜面扣合得也很好，利用了"着"字的别解，也很有谜味，但是总嫌色情味重了一点，还是以不用为好。

  在制谜的时候，尤其要注意内容不要有政治思想上的错误，否则，就会起到反作用了。比如有人以"全民炼钢"为谜面打我国地名一，谜底是"大冶"，虽然也勉强可以（远不如以"天地一洪炉"为谜面），但是全民大炼钢铁是大跃进时期的一场看似轰轰烈烈，实则盲目冒进的错误，用它来作谜面是不太合适的。

特殊形式的谜语

　　我们上面举例的谜语，其谜面都是由汉语言文字组成的，这类谜语，我们把它们统称为"文字谜"。除了文字谜以外，有些谜语的谜面还可以是其他形式，比如外文、汉语拼音、图画、故事、印章、音乐、舞蹈、动作（一般又称为"哑谜"）等，这些谜语，我们都把它归入特殊形式的谜语中，它们由于形式特别，所以有时反而妙趣横生，收到很好的效果。

　　下面，我们就介绍几种比较常用的特殊形式的谜语。

外文谜

　　一般指以外文字母、单词或句子为谜面的谜语（也有人以外文字母、单词或句子为谜底，不过很少见）。比如：

　　　　melon　（打水果名一）　　　　　　　　　　　　谜底：西瓜*

　　"melon"是英语"瓜"的意思，即"西方人所说的瓜"，简化为"西瓜"。

　　外文字母或单词等为谜底也可以，比如：

　　　　１－１　（打英文字母一）　　　　　　　　　　　谜底：H*

　　再比如：

　　　　玦　（打英文字母一）　　　　　　　　　　　　　谜底：C*

　　玦，是圆形但有缺口的玉佩（没有缺口的叫"环"），很像英文字母中的"C"。

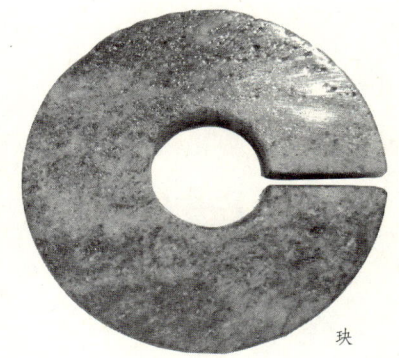

玦

汉语拼音谜

利用汉语拼音的一些特性，构成谜语。比如：

  g、u、ì（白头格）（打俗语一） 谜底：和为贵*

g、u、ì 三个拼音字母"和（通合）读为贵"。

  fēng, niǎo, shū（打著名联语半句）

            谜底：风声鸟声读书声*

谜面就是"风""鸟""书"三个字的拼音，当然就读"风声""鸟声""书声"。谜底"风声鸟声读书声"是明末东林党人顾宪成撰写的一副很有名的对联，全文是：

  风声鸟声读书声，声声入耳
  家事国事天下事，事事关心

数字谜

数字谜是利用数字、数式等构成谜面的谜语。比如：

  $\frac{7}{8}$（打成语一） 谜底：七上八下*

  1打（打古游戏名一） 谜底：双陆*

(唐)周昉 《内人双陆图》(局部)

"1打"为"十二",即为"双陆"。"双陆"是自魏、晋时期就开始在我国流行的一种游戏,一直到明、清时期,仍然在民间流行。

印章谜

宋代文人开始讲究印学,虽然当时的印章仍然是文人制文,甚至亲自书写,但仍由工匠代刻。印章的广泛使用,也出现了最原始的印章谜。据宋周密《云烟过眼录》记载,宋著名词人姜夔以自己的姓名作谜而刻于印上,印文是"鹰扬周室,凤仪虞廷"。上句引用《诗经·大雅·大明》"维师尚父,时维鹰扬"句,隐姜尚的"姜"。下句引用《尚书·虞书·益稷》"《箫韶》九成,凤凰来仪",《箫韶》是舜乐,而舜的乐官是"夔",指挥演奏《箫韶》,致"凤凰来仪"的,应该就是"夔"。《尚书·益稷》中的这一段话,就是在"夔曰"后面的。因此,下句隐"夔"字,合起来,就是姜夔的姓名。

姜夔的这方印章,还不能算是严格意义上的印章谜,它只是把谜语刻在印章上而已。

印章谜,是用印章这一特殊的艺术形式来制作的谜语,它巧妙地利用印章的边框、颜色、形状等外部特征，与印文组合在一起，构成谜面。

下面是我刻治的两方印章谜。

图1，谜面的印章以朱文和白文各刻一"不"字，打成语一，谜底是"不阴不阳"，因为在篆刻中，朱文又称"阳文"，白文又称"阴文"。

图2，打书名一，利用了印章的边框，谜底是《围城》。

图1

图2

画谜

画谜是用图画作谜面，先要看出或理解画面的内容和含义，然后再根据这些内容和含义来猜射谜底。比如图3所画，打曲艺形式一，谜底是"车灯"。这是比较简单，比较直观的画谜。

有的画谜含义要隐蔽曲折一些，比如图4（打成语一），谜底是"一落千丈"。

图3

图4

棋谜

棋谜是使用象棋、围棋等棋类的棋子和棋盘,利用棋子的位置和棋的着法等来制作的谜语。下面是我制的两则棋谜:

图5(打词语一),谜底是"光杆司令"。

图6(打足球术语一),谜底是"禁区内密集防守"。

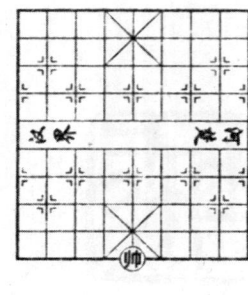

图5

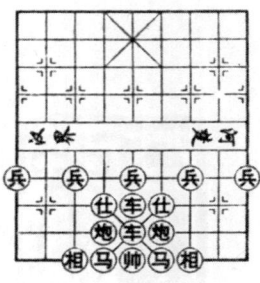

图6

怎样制谜

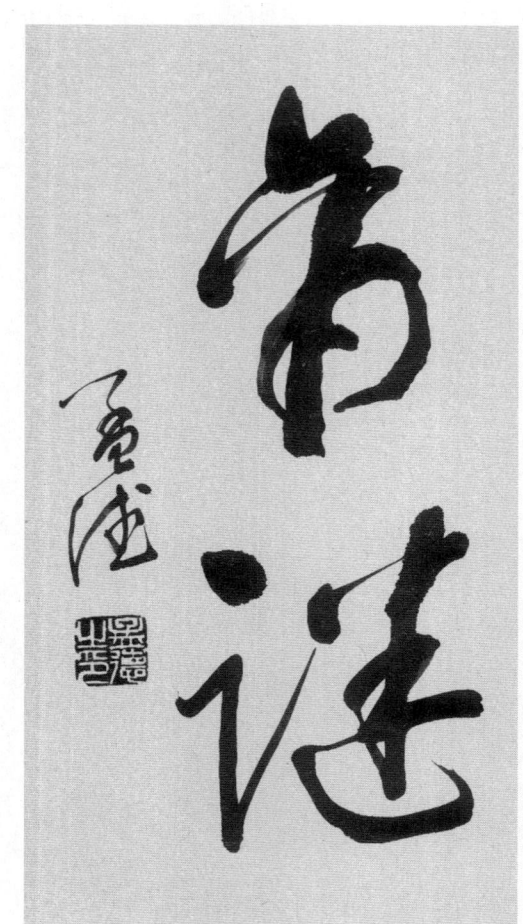

制谜的基本要求

猜谜时候，我们都是先看谜面，再看谜目，如果有谜格，还要注意谜格，然后再根据这些来猜出谜底。制谜的过程，与此刚好相反。制谜的时候，往往是先寻找谜底，从众多的字、词、句中找出有可能成为谜底的材料，然后再为它选目、定面。当然，也有少数谜语是先有谜面再有谜底的，比如我们看到一些现成的诗句或者词语，立刻联想到它可以用来作谜面射某事某物。

要制作灯谜，必须具备以下几个条件。

第一，灯谜是一种语言文字艺术，因此，制谜者应具备一定的文学素养，对字的形、音、义都有一定程度的了解，尤其是因为灯谜主要是利用"别解"，也就是不按正常的含义去理解，就要求制谜者对文字的"歧义"有较多的了解。比如我以"君子远庖厨"为谜面，打诗歌名一，谜底是"《离骚》"，利用的就是汉字的一字多义。谜面是《孟子》中的话，谜底是屈原的名诗，"离骚"两字的原意，"离"是"离开"的意思，扣合"远（远离）"；"骚"是"牢骚"，在这里别解为"辛骚的气味"。"离骚"就成了"远离辛骚的气味"，和谜面相吻合了。如果你不知道"骚"有"辛骚的气味"的意思，就制不成这则谜语。

再比如以"直突积薪"为谜面，打医学名词一，谜底是"病灶"。"突"在古汉语中有"烟囱"的意思，"直突积薪"的典故出自《汉书·霍光传》，说有一个人经过一个地方，见主人家中的烟囱是直的，旁边又堆放了许多柴禾，就对主人说："你应该把烟囱做成弯曲的，还应该把堆在旁边的柴禾搬走。"主人没有听从他的劝告。不久，直烟囱里溅出的火星果然把旁边的柴禾引燃，酿成了一场大火，幸好邻居们都来帮着救火，才没有造成更大的损失。这个成语也叫"曲突徙薪"。知道这个典故，你就会知道这一场火灾是由"灶"的毛病引起的，这个"灶"，当然就是"有病的灶"，与谜面相扣合。如果你不知道这个典故，就制不出这一则谜语。

谜语的艺术性强不强，除了构思巧妙、扣合贴切以外，很大程度

黎孟德 《江村夜归》

也取决于谜面谜底的文字是否优美，比如以"诸葛武侯坐船"为谜面，打常用词一，谜底是"漂亮"。利用了汉字一字多音多义的特点，谜语是可以成立的，但是谜面实在勉强，更谈不上美感。我把谜面换成诗句"孤光一点萤"，效果就大不一样了，假如你还知道这是清人查慎行的诗《舟夜书所见》：

月黑见渔灯，孤光一点萤。
微微风簇浪，散作满河星。

联想到下面两句"微微风簇浪，散作满河星"，就更会带给你很美的感觉。

再比如以"火烧赤壁"为谜面，打词牌名一，谜底是"《满江红》"。应该说，这是一则不错的谜语，它让人联想到三国时孙刘联合，诸葛亮借东风，周瑜指挥大军，一把火烧垮曹操的八十三万大军的壮丽景象。

假如我们用白居易《暮江吟》中的诗句"一道残阳铺水中"为谜面，仍然打"《满江红》"，就会获得另外一种美感，那是在晚霞如火、残阳如血的黄昏，鲜红的落日，把江水染得通红，映着青山，映着绿树，构成一幅绚丽的图画。

我们还可以用"夕阳方照桃花坞"为谜面，仍然打"《满江红》"。据说有一次，大家在江边的一座亭子中饮酒，酒酣耳热以后，有人提议以眼前的美景赋诗。有一个富商，本来不学无术，他也想附庸风雅，就张口吟道："柳絮飞来片片红。"话一出口，大家就哄笑起来。谁都知道柳絮是白色的，当年，晋代的才女谢道韫，在叔叔谢安命她和哥哥赋诗咏雪的时候，哥哥说"撒盐空中差可拟"，受到后人的嘲笑，而她则以一句"未若柳絮因风起"，获得千古美名。今天这位富商一开口就说"柳絮飞来片片红"，怎么会不引起大家的哄笑呢？正当这位富商面红耳赤，无地自容的时候，旁边一位文人漫不经心地吟道："夕阳方照桃花坞。"大家一听，立刻止住了笑声，雪白的柳絮，在夕阳的照射下，不是被映得红红的吗？这一下，不但替那位不学无术又好出风头的富商解了围，而且大家不得不佩服这位文士的巧思。这里没有说到"水"，但是"坞"，可以解为水边停船的码头，如"船坞"。所以可以与"满江红"相扣合。用这个谜面，使我们在产生美感的同时，还会感到有趣。

再有，谜目中有许多是与文学艺术有关的，简单一点的，有打成语、常用语的，复杂一点的，有打诗句的，打《西厢记》的，打《三国》《水浒》《聊斋》《红楼梦》的，打词牌、曲牌名的，没有比较好的文学素养，是不行的。

第二，要有比较广博全面的知识修养。灯谜所涉及的内容非常广泛，包括物理、化学、数学、天文、地理、气象、农业、工业、医学、药物学、音乐、美术、体育、书法、篆刻等等，缺乏这些方面的常识，是不能制作出很好的灯谜的，至少，你的题材范围会相当狭窄。

第三，要有丰富的想象力。灯谜的特点，是利用"别解"，也就是不完全按照常规的思维方式，而需要换一个方向去思考。制作灯谜，缺少联想的能力是不行的，联想越丰富，制出的灯谜也就越精彩。许多人都以"一"字为谜底制谜，其中不少构思精巧，比如"生旦丑末"（生、旦、丑、末本是戏剧四大行当，别解为"生、旦、丑四个字的最末一画"）、"赤子之心"（别解为"赤、子两个字的中间一画"）、"天没它大，人有它大"（"天"字没有"一"，就成了"大"字；"人"字有了"一"，也成了"大"字）、"数字虽小，却在百万之上"（"一"是一个很小的数，但是却在"百"字和"万"字的上面）等。我也曾经以"一"字为谜底制过一些谜，除了前面举过的"童养媳"以外，还有"孤儿"（孤儿就是大人不在了，"大"字"人"不在了,就剩下"一")、"阴天的早晨"(早晨就是"旦","阴天"就是没有太阳,"旦"字去掉"日"字,剩下"一"字)、"离弦之箭"(这是用象形法,离弦之箭就象一个"一"字)等。

第四,要熟悉谜语的基本知识,掌握制谜的基本方法。如果对谜语的基本知识不了解,对制谜的基本方法不熟悉,不仅不能制出佳谜,有时还会闹出一些笑话。

灯语的原则之一是"别解",而不是使用本意。举例来说,我以"1－1"为谜面,打英文字母一,谜底是"H"(见前),可以算一则佳谜,因为"1－1"与"H"之间是没有直接的联系的。但是如果以"1－1"打俗语"等于零",就不对了,因为"等于零"就是"1－1"的结果,不是"别解",所以不能构成谜语。在谜语中,"1－1"是等于"三"的,它是把减号"－"也看作是"一",再与两个"一"字合在一起,就是"三"字。

再比如有人以"清明前一天"为谜面,打节日名一,谜底是"元旦"。这是一则佳谜,因为它把"清明"别解为"清朝"和"明朝",那么"清明前"就是"元","一天"正解为"旦",合起来就是"元旦"。如果同样以"清明前一天"为谜面,同样打节日名一,而把谜底猜作"寒食"就不对了,因为在古代,"清明节"的前一天就是"寒食节",这是陈述一个事实,而不是猜谜了。懂了这个道理,我们再看下面这几则谜语,就可以知道它们的错误了。

恭贺新禧(打电影名一)   谜底:《祝福》
军烈属(打电影名一)   谜底:《光荣人家》
河那边(打电影名一)   谜底:《彼岸》
犬子(打《红楼梦》人名一)   谜底:狗儿

有人以"广"为谜面,打中药名一,谜底是"廣皮",这则谜语是不能成立的,因为"广"字是"廣"字的简化字,它违反了灯谜底面不能有重字的原则,虽然一个是简化字,一个是繁体字也不行。如果以"广"为谜面,打食品名一"腐皮"就可以成立了。

制谜的步骤

制谜的步骤，大致可分为以下三步。

择底

制谜的第一个步骤是选择谜底。并不是所有的事物都可以入谜的。对谜语来说，凡属比较抽象的概念，就不易表现。灯谜虽然是"文义谜"，范围要宽得多，但是也不是所有的词都可以产生联想，寻求"别解"的。只有那些可以作外形描写，或者在字面上产生联想，形成别解的，才能作为谜底。

比如以"怀抱一棵竹，竹子呜呜哭。问它哭什么，它说马尾磨屁股"，打乐器"二胡"，非常贴切，它是从"二胡"的外形和使用特性来猜射，而不是从它的"文义"上去考虑的，这是谜语。

如果制灯谜，因为乐器"二胡"二字可以理解为"两个少数民族"（"胡"字可作"少数民族"讲），这样我们就可以从这个思路去构想。因为"羌"和"戎"是古代两个少数民族的名字，而"羌戎"本身又常常联用，它可以作为谜面，因此，"二胡"可以作为灯谜的谜底。

一般来说，可以作为灯谜谜底的字、词、句，都可以作音义上的"别解"。拿字来说，我们一般也不从它本身的含义去看待它，而是把它"分解"了看。

比如"国"字，我们既不能从"国家"的意思，也不能从"国都"的意思上去考虑，而是看到它可以分解为"囗"和"玉"两部分，我们把"囗"看作是包在"玉"外面的"石头"，这样，我们就可以用"璞"作谜面来制成谜语了，因为"璞"就是"含玉的石头"。

再比如"音"字，我们也不是从"声音"或"音乐"这样的意思上去考虑，而是看到它可以分解为"立"和"日"两部分，我们可以用"三足乌"作谜面，因为传说中太阳上面有一种神鸟"三足乌"，又叫"金乌"。我们还可以把"音"字分解成"六、一、日"三个字，用"儿童节出太阳"作谜面。我们还可以用"ＨＩＰＡＣＨＩ"作谜面，制成外文谜，因为"ＨＩＰＡＣＨＩ"是日本电子产品的名称，中文称作"日立"，合起来就是"音"字。我们还可以看到，"音"字是"暗"字的半边，"暗"字去掉"日"字就是"音"，那么，我们可以用"暗无天日"作谜面制成谜语，"暗"字"无（天）日"，就剩下"音"字。"音"字还可以看作是"章"字的上边，那么，我们可以用屈原的名篇"《九章》"作谜面，"九章"的意思，可以理解为"没有十章"，"没有'十'字的'章'字"当然就是"音"字。

谜语是谜底和谜面的有机结合，好的谜语，除了谜面的精巧以外，谜底的趣味与精巧也是很重要的。可以这样说，选择到精巧有趣的谜底，也就为谜面的巧与趣提供了条件。比如"爻"字，本意是八卦中每一个卦（—或--）的名称，如果从这个角度去制谜，是很难成功的。但是，我们可以把它看作是"××"的重叠，"×"可以看作是表示错误的符号，那么我们就可以用"一错再错"作谜面来制成谜语，这不是很有趣吗？

再比如"一无所有"，是一句成语，也是一首很有名的歌曲，我们可以用《红楼梦》中的一句很有名的话"留下一片白茫茫大地真干净"来作谜面，也可以用唐代诗人柳宗元很有名的《江雪》诗中的诗句"千山鸟飞绝，万径人踪灭"来作谜面，不是很精巧吗？

确定谜底的时候，要注意对象，比如在工厂举办猜谜活动，可以多一些工业方面的题材，在农村举办猜谜活动，可以多一些农业方面的题材，猜谜者是很难猜中自己不熟悉的题材制作的谜语的。

在一些特定的庆祝活动，像春节、国庆、妇女节、中秋节、迎香港回归等，可以选择一些与之有关的内容作为谜底，比如"中秋谜会"，可以选择"人月圆""月饼""思乡"等作谜底制谜，可以大大地活跃谜会的气氛。

定目

如果没有谜目的界定，任何谜语都几乎是无法猜的。比如只给出一个谜面"张羽煮海"，我们知道这是很有名的一出元人杂剧，但根本不知道从什么地方入手去猜。如果加上谜目"打字一"，我们就可以从谜面的含义中猜出谜底是"每"。熟悉元杂剧的朋友都知道，《张羽煮海》讲的是张羽和龙女的恋爱故事，张羽在神仙的帮助下，用一口神锅差一点把东海的水煮干。"海"字"水"被煮干，当然就剩下"每"字了。

　　谜目定得宽还是窄，直接关系到猜谜的难易。谜目定得太宽，覆盖的面太大，谜就不好猜。比如以李白诗句"二水中分白鹭洲"为谜面，打地名一，谜目就定得太宽，它包括了全世界各国各地的名称，所以不好猜。如果我们把谜目定为"打中国地名一"，范围就要小得多。如果再定为"打四川省县名一"，就比较好猜了。它的谜底是"双流"。谜目定得太窄也不好，从某种意义上讲，谜目定得太窄，等于把谜底告诉了别人。仍以"二水中分白鹭洲"为例，如果谜目是"打成都所辖县名一"，就等于把谜底告诉别人了，因为成都所辖的县就只有那么几个（双流现在已经撤县，划为成都的一个区了）。

　　谜目的作用还不仅此，同一个谜面，谜目不同，可以有不同的谜底。

　　比如以大家都很熟悉的白居易的名句"春风吹又生"为谜面，至少有不同谜目的十五个不同的谜底（采自黄荣宽、薛虎合编的《诗谜合璧》）：

　　　春风吹又生（艾青诗目一）　　　　谜底：《复活的土地》
　　　　　　　　（数学名词二）　　　　谜底：不尽根、还原
　　　　　　　　（鲁迅篇目、外书目各一）谜底：《野草》《复活》
　　　　　　　　（字一）　　　　　　　谜底：荐
　　　　　　　　（电视剧一）　　　　　谜底：《枯草青青》
　　　　　　　　（公文用词一）　　　　谜底：起草
　　　　　　　　（骊珠格）　　　　　　谜底：草死不了
　　　　　　　　（蝇头格，古代画家一）谜底：董其昌
　　　　　　　　（杂志二）　　谜底：《草原》《萌芽》
　　　　　　　　（鲁迅篇目二）　　谜底：《野草》《起死》
　　　　　　　　（杂志三）　谜底：《大地》《芳草》《萌芽》
　　　　　　　　（杂志一）　　　　　　谜底：《绿原》
　　　　　　　　（生物名词一）　　　　谜底：催青
　　　　　　　　（中药二）　　　　　　谜底：地面草、回青
　　　　　　　　（成语一）　　　　　　谜底：故态复萌

由此可见，谜目在谜语中的地位是相当重要的。

制面

　　制作谜面，是制谜的最关键的工作，也是最难的工作。

　　谜面既要与谜底丝丝入扣，又要富于联想；既要文从字顺，又要富有文采。尤其是构思精巧，出人意表，才算得上是佳谜。

　　联想是制面的关键。谜语不同于词语的解释、文义的说明，它是通过寻求谜底与谜面之间的共同点，再通过谜面对谜底的特点进行有隐蔽、有显露地描述，让人去猜射的。而这个共同点，又往往是经过"别解"，而并非本意的"正解"，所以，要求制谜的人有丰富的想象力。

　　比如以电影名——"《田园情侣》"为谜底制谜，我们就可以采用会意的办法去联想。"田园情侣"，就是农村的恋人，当然我们不能以"农村的恋人"为谜面，因为这是释词而不是制谜。我们首先联想到的，是大家都熟悉的生活在农村的恋人，比如电影《李双双》中的喜旺和李双双，但是他们毕竟已经是老夫老妻了，说"情侣"显得有一点勉强。我们又想到李季的著名长诗《王贵与李香香》，用它来作谜面是再贴切不过的了。我们还可以把思路打得开一些，用黄梅戏《天仙配》中的唱词"你耕田来我织布"作谜面，谜味就更浓一些。

　　上面的例子属正面会意，我们还可以从反面去会意。比如以《西厢记》一句"准备着被儿、枕儿，只索昏昏沉沉的睡"为谜底，我们可以从正面会意，把李白《将进酒》诗中的一句改一个字作谜面，就是"但愿长眠不愿醒"；我们还可以从反面去会意，她为什么只想"昏昏沉沉地睡"呢？一定是醒着的时候觉得空虚无聊甚至痛苦，这样，我们就可以用清代著名词人纳兰性德的词中的一句"解道醒来无味"作谜面，谜味也比正面会意浓得多。

　　有的时候，我们还可以用谜语增损、象形等特点来联想。

　　增损就是把谜面或谜底的字面作分拆拼合的处理，比如用"川"字作谜底，我们固然可以用"水流不断"来作谜面，因为在小篆中，"水"字是写作" "，"川"字是写作" "的。把"水"左右两笔断开的笔画连起来，就成了"川"字，但是，谜面显得稍微生僻晦涩了一点。我们也可以从"增损"的角度来联想，"川"字和"页"字可以组合成"顺"字，那么反过来想，"顺"字去掉右边的"页"字，不就剩下"川"字了吗？我们就可以用"顺东边走"作谜面，（在谜语中，利用地图上上北、下南、右东、左西的原则，可以把一个字的四面也用东、南、西、北来表示），"顺东边走"，别解为"'顺'字的东边（即'页'字）走掉"，当然就剩下"川"字了，这就生动有趣得多。

上面的例子是把谜面进行分拆，有人把它叫作"增损"，如果把谜底进行分拆拼合，就叫做"离合"，比如以"裙"字作谜底，我们不能从"裙"的本意"裙子"上去构思，可以用离合的办法，把"裙"字分拆为"君、衣"两个字，"君"就是皇帝，皇帝的衣裳就是龙袍，因此，这则灯谜的谜面就可以是"龙袍"。

象形的方法，也是一种"别解"。汉字的"六书"中本身就有"象形"一种，很多字本来就是图画，是对事物的形象进行的具象的或抽象的描画，比如人、鸟、山、水、牛、羊、草、木等，但是，在制谜的时候，并不是要对事物的外形进行描画，比如总不能画一只鸟，让别人来猜"鸟"字；画一个人、一丛草、一棵树，让别人猜"茶"字。我们所说的象形，是指对某些字词的观察和联想，找出它们与其他事物的相似之处。比如以"介"字为谜底，我们根据它下面两笔一撇一竖的特点，把它看作是一个人在做操练中的"稍息"，我们也就用"稍息"作为它的谜面。

再比如以"夭"字作谜底，通过观察与联想，我们发现它与"天"字比较，上面的一画变成右高左低。左、上可以看作是"西北"，这样就让我们联想到《淮南子》中记载的共工与颛顼争为帝，失败以后以头"怒触不周之山"，使"天柱折，地维绝"，"天不满西北，故日月星辰移焉"的描写，我们就可以用"天倾西北"作谜面，不是形象得很吗？

上面举的两个例子，都是以谜底的象形意义来制作谜面。有时候，谜面也可以通过象形来猜射谜底。比如以"丛"字为谜面，打词牌名一，两个"人"字下面的"一"，可以看作是楼，所以谜底是"《人在楼上》"。我们还可以用同样的谜面打成语一，这时我们可以把"一"看作是"地"，因此，谜底是"席地而坐"。

有一些很简单的字画乃至符号，常常被用来比作某种事物，使谜语生动有趣。比如"、"，在宋代词人秦观的词中以"一勾斜月带三星"打"心"字，就是把"、"比作星星。在我以"跛卒守城"为谜面打字一"戍"的灯谜中，以"、"代表一只"脚"（"守城"射"戍"

字,"戍"可以分解为"人"和"戈"两个字。"卒"就是"人","跛卒"就是少一足的士兵,"人"字少了一点,就只剩下"丿",与"戈"字合成"戍"字)。此外,有人把"、"比作球,有人比作雨点,有人比作药丸等等。还有"一",在谜语中可以比作地,比作楼(见前),比作独木桥等。

有一些象形比喻相当巧妙,比如把"干"比如蜻蜓,非常传神,再以杜甫的诗句"点水蜻蜓款款飞"为谜面打"汗"字,堪称佳作。我曾以"高车驷马"为谜面,打"辍"字,就是把"又"字比作"马";以"兔子哥哥"打"兑"字,就是把"兑"字上面的的两点比作兔子的长耳朵。

除了常规的制谜方法之外,还有一些特殊的方法。

分扣 不以谜面的完整意思来扣合谜底,而是把谜面分成两个以上的部分,分扣谜底的各部分。我们前面举过的《曹娥碑》谜"绝妙好辞"就是用的分扣法。

再比如我以"南京好"为谜面,打《聊斋》篇名一,谜底是"《金陵女子》",就是以"南京"扣"金陵","好"扣"女子"。

启下 一般的灯谜,都是根据谜面的内容来猜射谜底的,但是有一种灯谜,谜面与谜底并不相扣,而是要以谜面前面或后面的意思来扣底。

比如我以杜甫《赠花卿》诗句"锦城丝管日纷纷,半入江风半入云"为谜面,打曲牌名一。如果只从谜面着眼,是猜不出谜底的,我们就要想到这首诗下面的句子"此曲只应天上有,人间能得几回闻",这样,我们就可以猜到它的谜底是"〔天上谣〕"。

在制谜的时候,这也是经常采用的方法。比如我以唐代诗人王昌龄《闺怨》诗句"闺中少妇不知愁"为谜面,打歌名一,谜底是"《初次尝到寂寞》",这是因为"闺中少妇不知愁"的下面是"春日凝妆上翠楼。忽见陌头杨柳色,悔教夫婿觅封侯",和谜底才相扣合。

再比如我以杜甫《百忧集行》诗句"娇儿不知父子礼"为谜面,打一字,谜底是"饕",因为下句是"叫怒索饭啼门东",也就是号(號)哭着要食物的意思。

问答 这种灯谜很有趣,谜面谜底一问一答,

比如以"为何去串门"为谜面,打电影名一,谜底是"《瞧这一家子》"。

黎孟德 《闺怨》

再比如我以柳永《雨霖铃》词句问"今宵酒醒何处",打五言唐诗一句,谜底是"维舟绿杨岸"。

再比如以"功课不好怎么办"打物理学名词一,谜底是"应用力学"。

要注意的是这种问答不能是简单的"一加一等于多少?""一加一等于二"式的,它同样要有别解,有谜味。

漏字　选用很固定的诗句、词组、成语、数字等,有意漏掉部分内容,构成谜面。

比如以"东、西、北"为谜面,打佛教用词一,因为"东南西北"是四方的名称,没有了"南",所以谜底是"南无"。

再比如以"壹贰叁肆伍柒捌玖拾"为谜面,打我国古代著名诗人一,谜底是"陆游","游"字在这里是"走了"或"游离"的意思,非常传神。

抵销　这种方法是把谜面或谜底中多余的字自行抵销,剩下的部分才是真正的谜面或谜底。

比如以"啤酒厂出酒"为谜面,打一字,"啤酒厂"去掉"酒"(出酒),剩下"啤""厂"两个字,合成"碑"字,也就是谜底。这是谜面相互抵销。

再比如以"在上一个月"打学科名二,谜底是"有机化学、无机化学"。"在上一个月",解为"在上、一个月","在"字的上面,是"ナ",加上一个"月"字,就成了"有"字。谜底理解为"有机化学"但"无'机化学'"三个字,就剩下"有"字,与谜面相扣合。

用典　这本是写诗作文常用的方法，在谜语中也经常使用。制作和猜射这一类的谜语，不能从字面本身去理解分析它，而是要运用典故。比如我以"子房拾履，尾生抱柱"为谜面，打电影名一，谜底是"《大桥下面》"。从谜面本身，是完全没有"大桥下面"的意思的，但是，有一点历史文化知识的人，都知道这是两则典故。"子房"是汉高祖刘邦手下的重要谋臣张良的字，传说张良年轻的时候，曾经在今江苏省睢宁县沂水的圯桥上遇到一位隐士黄石公，为了考验他的诚意，黄石公故意把鞋扔到桥下，张良很恭敬地把鞋从桥下捡起来，给黄石公穿上。后来，黄石公就把《太公兵法》传授给了他。又据《庄子·盗跖篇》，有一个叫尾生的男子，与一个女子相约在桥下相会，那个女子没有来，而河水开始上涨，尾生不愿意失信，就抱着桥下的柱子，被水淹死了。这两则故事都发生在桥的下面，所以才和谜底相扣合。

再比如我以"乃公居马上而得之"为谜面，打《三国演义》人名一，谜底是"武安国"，就是在十八路诸侯讨董卓的时候，被吕布一戟砍断手腕的那员大将。"乃公乃马上得之"，是汉高祖刘邦对儒生陆贾说的话。汉高祖登基以后，陆贾等人就经常在他面前提到《诗》《书》，刘邦很不耐烦地骂他说："乃公居马上而得之，安事《诗》《书》！"陆贾对他说："居马上得之，宁可以马上治之乎？"（见《史记·郦生陆贾列传》）。刘邦的意思就是我是以武安定国家的，所以，谜底就是"武安国"。

择格

最后，要说一说择格，也就是选择谜格的问题。

谜格是古人智慧的结晶，并不是为了增加制谜和猜谜的难度而故弄玄虚，恰恰相反，它是把一些不可能成谜的情况变为可行，而且也大大增加了制谜猜谜的趣味。

有一些文字、词语或者其他事物，不太好联想，不太容易形成"别解"，用它们制作谜语有一定的困难。比如很多人名、地名、事物名等。我们常常用《三国演义》《水浒传》《红楼梦》中的人名制谜，也常常用一些作家、演员、科学家、运动员等的姓名作为谜底，但是，绝大部分都无法制出谜面，有一些即使制成了谜面，也显得非常勉强，那么，适当地使用一些常用的谜格，就可以帮助我们解决这样一些难题。

比如我以《三国》人名"孟达"为谜底制谜,"孟达"不是一个词语,不可能直接制成谜语,解决的办法有两个,一个是用"分扣法",即把"孟"字和"达"制分开来制谜,实际上是制了分别以"孟"和"达"为谜底的两条谜,再把它们合在一起。另一个办法,就是利用谜格。如果我们把"孟"换成同音字"梦",那么"梦达"就可以理解为"梦中到达"了,这样,谜面就有了比较宽的选择范围。于是我选择了"白头格",再用李白《梦游天姥吟留别》诗中的"一夜飞渡镜湖月"作谜面来扣谜底,这条谜语就成立了。

再比如我用《西厢记》"孤眠况味"为面,射《西厢记》"枕头儿上孤零",谜底、谜面扣合得天衣无缝,但是,底、面都有一个"孤"字,而这两句话又是《西厢记》的原文,是无法更改的,所以,只有选择了"露春格"。

当然,如果能够不用谜格,最好还是不用。即使不得不用,也要注意两个问题,一是要合理,二是尽量不要使用生僻的谜格。

制谜的要领

制谜猜谜是一种游戏娱乐活动,它正是因为可以发挥制谜猜谜者的联想、推理、分析的能力去探微索隐而受到大家的喜爱。如果谜语太浅露,让人一看就懂,一猜就中,大家也就没有兴趣了。但是如果太生僻,太艰深,让人左想右想,仍然摸门不着,甚至公布了谜底,都让人如坠五里雾中,那么,大家就更没有兴趣了。前面引用李汝珍在《镜花缘》中对制谜的原则要求那一段非常精辟的论述,就是制灯谜的要领——贴切显豁,如"清潭月影",既不能"浮泛",也不能"晦暗"。

谜语不同于词语解释,也不同于数学计算,它需要人发挥想象力去猜,它要把有一些东西隐藏起来,所以有时采用混淆视听、转弯抹角、故弄玄虚、无中生有、不按常规、不循理路的办法,让你不能一下子猜中谜底。

但是，谜语毕竟还是要人猜的，好的谜语，应该以让人通过努力能够猜中为原则，因此，它又必须把有的东西显露出来，让人可以找到切入点，顺藤摸瓜，抽丝剥茧，最后找到正确的答案。因此，制谜的要领和原则，就是"隐"与"显"，"藏"与"露"的辩证的统一，该藏的藏，该露的露，至于哪些该藏，哪些该露；藏多少，露多少；如何藏，如何露，就是检验制谜者水平的试金石。

下面，我们就谈一谈制谜过程中如何把握显与隐的辩证关系，如何制出好谜的一些要领。

混淆视听 阐释词义的人要把人们引向正确，恶作剧的人要把人们引向错误，而制谜的人，则要将人们引向正确与错误的交汇处。为了达到这个目的，制谜者往往有意混淆视听，干扰人们的思维。

比如我以"上不见下，下不见上"为谜面，打一字。谜面照正常的理解，应该是"上面的看不见下面的，下面的看不见上面的"，但是，它应该理解为"'上'字的下边不见了，'下'字的上边不见了"，剩下的，当然就是"卜"字，它的谜底就是"卜"。

再比如我以"谅解"为谜面，打一词语。谜面是得到了别人的原谅，或者原谅了别人的意思，但是，在这里应该理解为把"谅"字"分解"了。"谅"字可以分解为"言"和"京"两个字，把它们稍作改动组合，就是谜底"北京话（京言）"。

转弯抹角 有的时候，谜面和谜底并不是直接发生关系的，而是需要转一个弯去思考，

比如我以"工、农、兵、学"为谜面，打成语一，谜底是"五音不全"，乍一看起来，"工、农、兵、学"和"五音"好像是一点关系也没有，但是，我们平常习惯说的"工、农、兵、学、商"，"工、农、兵、学"显然是"缺商"，而"商"又是"五音""宫、商、角、徵、羽"中的一"音"，"缺商"，也就可以猜射为"五音不全"。

再比如我以"枫叶秋瑟瑟，只在浅水边"打中药名一，谜底是"漏芦"。谜面和谜底也是好像一点关系都没有。但是，谜面的上一句是白居易《琵琶行》中"枫叶芦花秋瑟瑟"的简省；下一句是司空曙《江村即事》诗中"只在芦花浅水边"的简省。两句的一个共同特点，就是都"漏"掉了"芦"花，所以谜底是"漏芦"。

故弄玄虚 谜语不能让人不假思索就能猜中，不然就没有什么意思

了，所以，有的时候，故意要把简单的问题复杂化，有意加上一些迷惑人的东西，让猜射的人在迷惘中找出头绪。

比如我以"一半在天，一半在地。既不是我，也不是你"为谜面，打一字。头两句一下子会让人摸不着头脑，什么东西一半在天，一半在地，后两句一样让人不解。其实这则谜语是让人从文字上去动脑筋的，"天"字可以分成"二、人"两部分，"人"也就是"亻"；"地"字可以分成"土、也"两部分。把它们各取一半，"亻"加上"也"，就成了"他"字，不就是"既不是我，也不是你"了吗？

无中生有　　有的谜语，可以把本来不存在，或者不可能的事物，加以合理的解释，它虽然也许还是不存在、不可能，但是它又在谜语这一特定的艺术形式中有其合理性，比如在前面举过的我以杜甫的诗句"日足下平地"为谜面打"旦"字，就是无中生有的极好的例子。

再比如我以"撼山易"为谜面，打一字，谜底是"扫"字。意思是用手把山推倒的意思。但是"撼山"真的易吗？当然不是。但是这南宋初年岳飞抗金时，金人被岳家军打怕了，他们喊出了"撼山易，撼岳家军难"。作为一个形象的比喻，它又是非常合理的。

不按常规　　常规是指一般的规律，这种规律为人人所习见，但是，任何规律也都有例外的时候，人们对这些"例外"往往忽略了，谜语正是很好地利用这种例外，让你按常规去想，得不出结果，只有换一种角度或者思维方式，打破常规，才能抽丝剥茧，找到谜底。

比如我以"天在下，地在上"为谜面，打一字，谜底是"夫"。从谜面看，是不合常理的，天怎么会在下，地怎么会在上呢，但是我们说的是"天"字在下，"地（土）"字在上，这又是完全可以成立的。

再比如我以"只恐花睡去"为谜面，打五言诗一句，谜底是《石壕吏》中的"夜阑更秉烛"。花怎么会睡去呢？但这是苏东坡《海棠》诗"东风袅袅泛崇光，香雾空蒙月转廊。只恐夜深花睡去，故烧高烛照红妆"中的诗句，是诗人的浪漫想法，用它来扣"夜阑更秉烛"，非常贴切。

不循理路　　许多谜语都是不能按照正常的推理模式来制作和猜射的，它需要以一种全新的方式来对待。

比如我以"沐猴而冠带"打一字，谜面是曹操《薤露行》中的句子，原话出自《史记·项羽本纪》。项羽在灭秦之后，有人对他说，关中是称霸天下的好地方，但项羽却说："富贵不归故乡，如衣绣夜行，谁知之者。"急着回去炫耀乡里，所以有人说："人言楚人'沐猴而冠'耳，果然。"意思是说项羽智力低下，就像猴子穿上衣冠一样。所以曹操的诗接着就说"智小而谋强"。但是如果我们按这个思路去想，是不会有结果的。那么，我们可以从其他的方面去联想。猴是十二生肖之一，与天干地支对应的是"申"。"冠带"是戴上帽子、穿上衣裳，而衣帽都是丝织品，那么，把"纟"和"申"合在一起，就是"绅"字，也就是谜底。

再比如我以"石头人"打一字，如果我们从石头人的特点上去分析猜想，是不会有结果的。我也曾经以"秦俑"打一字，谜底是"碎"，就是从秦俑是石头"士卒"来联想猜射的。而这里的"石头人"却不能这样去猜想，而要用"别解"的方法，把"石头"理解为"石"字的"头"，也就是"石"字的第一画，是一个"一"字，加上"人"字，谜底就是"大"字。

怎样猜谜

制谜和猜谜，是灯谜活动的不可分割的两个部分，制谜的目的，是要人猜的，否则制谜也就失去了意义；从另一方面说，要开展猜谜活动，就得有人猜谜。制谜是把结果隐藏起来，而给出一些经过精心掩藏，而又有意透露出一些蛛丝马迹的消息，让人去猜，去想，去推理。而猜谜，则是透过那些经过精心掩藏的蛛丝马迹，追本溯源，找出结果，找出真象。它们的方向相反，而规则、方法、道理、技巧却是相同的。

猜谜是一种智力游戏，从某种意义上讲，它的难度比制谜还大，而且参与的人也比制谜的人多得多。猜谜的人应该具备什么样的条件，猜谜有什么技巧和方法，都是猜谜者所要了解和掌握的。

 猜谜的基本条件

猜谜虽然是一种游戏娱乐活动，但是，是一种文化含量很高、技巧性很强的娱乐活动，因此，要参与猜谜活动，就必须具备一些基本条件。

首先，猜谜者要有广博的文化知识和丰富的生活经验。如果是猜谜语，尤其是比较浅显的儿童谜语，还不需要有多少文化知识，只需要丰富的生活经验和阅历。但是如果是猜灯谜，由于灯谜本身是文义谜，没有较好的文化素养是不行的。且不说灯谜中有许多用到唐诗、宋词、《论语》《孟子》《三国》《水浒》《红楼梦》《西厢记》《聊斋》，就是最常见的字谜，没有文化也是不行的。

比如我以"以彼径寸茎，荫此百尺条"打一字。你首先得知道，谜面是东晋诗人左思《咏史诗》中的两句，在它们前面还有"郁郁涧底松，离离山上苗"两句，这样，我们就知道"径寸茎"指的就是"山上苗"，也就是"草"，而"百尺条"，指的就是"涧底松"，这样，我们很容易就猜到谜底是"菘"字。

再比如我以"随君直到夜郎西"为谜面打歌名一。如果你知道这是李白的一首很著名的诗《闻王昌龄左迁龙标遥有此寄》中的一句，你立刻就会联想到它的上一句是"我寄愁心与明月"，也就会明白"随君直到夜郎西"的是明月，这样，谜底《月亮代表我的心》就呼之欲出了。

黎孟德 《霜刃未曾试》

我同样以"随君直到夜郎西"为谜面，打七言唐诗一句，你应该很容易就猜到谜底是张若虚著名的长诗《春江花月夜》中那句"愿逐月华流照君"了。

谜语涉及的面非常广，几乎所有的领域、所有的内容都可以入谜，如果在猜谜活动中，你看到"打物理学名词一""打数学名词一""打金融名词一""打医学名词一""打银行术语一""打化学名词一""打中外书名一""打外国地名一"等，而你没有这些方面的知识，就根本无从猜射了。

比如我以"望闻问切之后干什么"打数学名词一。你先得知道望、闻、问、切是中医传统的诊病方式，那么诊完病以后该干什么了呢？当然是"开方"（开药方）了。如果你不懂中医诊病的方式，不知道数学中的"开方"，你就猜不出这则谜语。

其次，猜谜者要有联想的能力。谜语的灵魂是"别解"，要找出这种别解，就需要猜谜者有丰富的联想能力，触类旁通，举一反三。

比如我以"霜刃未曾试"为谜面，打电视剧连续剧名一。猜谜的时候，应该联想到这一句诗是唐代诗人贾岛的《剑客》诗中的一句，再联想到全诗"十年磨一剑，霜刃未曾试。今日把示君，谁有不平事"。新磨的剑，如镜一样的光亮，诗中称它为"霜刃"，也就是形容剑身的"亮",所以应该不难猜到是"《亮剑》",但电视剧"亮剑"的"亮"是动词,这也就形成了谜语的"别解"。

还有,猜谜者要尽可能地掌握一些替代词。由于灯谜的规则规定谜底谜面不能有重字,所以有的时候谜底和谜面会用一些替代词来互代,比如用"金乌"替代"太阳",用"玉兔"替代"月亮",用"黄花"替代"菊",用"大虫"替代"虎"等。这本是诗词中常用的修辞手法,在谜语中,就用得更多了。下面,我们就介绍一些常见的有替代关系的词语。

天干和地支是古人用来表示数字的两组字,天干是:

甲 乙 丙 丁 戊 己 庚 辛 壬 癸

地支是:

子 丑 寅 卯 辰 巳 午 未 申 酉 戌 亥

五行是:

金 木 水 火 土

它们除了本身有一些特定的含义以外,还可以和十二生肖(鼠、牛、虎、兔、龙、蛇、马、羊、猴、鸡、狗、猪)、五方(东、南、西、北、中)、五脏(肝、心、脾、肺、肾)、四季(春、夏、秋、冬)、五色(青、红、黄、白、黑)、五音(宫、商、角、徵、羽)等相配,构成替代关系。今列表如下:

表1:天干、五行与五方等关系表

天干	五行	五方	五脏	四季	五色	五音
甲乙	木	东(青龙)	肝	春	青	角
丙丁	火	南(朱雀)	心	夏	红	徵
戊己	土	中(黄龙)	脾	长夏	黄	宫
庚辛	金	西(白虎)	肺	秋	白	商
壬癸	水	北(玄武)	肾	冬	黑	羽

表2：地支与十二生肖、十二时关系表

地支	子	丑	寅	卯	辰	巳	午	未	申	酉	戌	亥
属肖	鼠	牛	虎	兔	龙	蛇	马	羊	猴	鸡	狗	猪
十二时代名	夜半	鸡鸣	平旦	日出	食时	隅中	日中	日昳	晡时	日入	黄昏	人定

这些替代词是构成谜语的重要材料，比如我以"甲乙丙丁"为谜面打一字，如果不懂得天干地支等的替代关系，这则谜语是无法猜出的，但是我们知道了这种关系，就可以联想，从表1中我们可以看出，"甲乙"可以是"木、东、肝、春、青、角"的替代词，"丙丁"可以是"火、南、心、夏、红、徵"的替代词，在同一类的两两成对关系中，我们可以选择"木"和"火（灬）"这一组字，合成"杰"字，也就是谜底。

再比如我以"割下猴头"为谜面打一字，从表2中我们可以看出，"猴"在十二生肖中所配的地支是"申"，去掉"申"字的"头"，就是"甲"字，也就是这则谜语的谜底。

再比如以"子丑"为谜面打书名一，就是一则绝妙的灯谜。从表2中我们可以看出，"子"与"十二时代名"中的"夜半"相配，"丑"与"十二时代名"中的"鸡鸣"相配，合起来不就是"《半夜鸡叫》"吗？

下面，我们再列出一些常用替代词。

表3：省市地名省称表

省市名	简称	省市名	简称	省市名	简称	省市名	简称
北京	京、燕	安徽	皖	贵州	黔	宁波	甬
上海	沪、申	福建	闽	云南	滇、云	福州	榕、三山
天津	津	台湾	台	湖南	湘	泉州	鲤城
重庆	渝	江西	赣	陕西	陕、秦	九江	江州、浔阳
河北	冀	山东	鲁	甘肃	甘、陇	贵阳	筑
山西	晋	河南	豫	青海	青	开封	汴梁
辽宁	辽	湖北	鄂	宁夏	宁	广州	穗、羊城
吉林	吉	广东	粤	西藏	藏	南京	宁、金陵
黑龙江	黑	广西	桂	新疆	新	成都	蓉、锦城
浙江	浙、越	四川	川、蜀	海南	琼	昆明	春城

我以"南京好"为谜面，打《聊斋》篇名一，谜底是"《金陵女子》"，这是用的"分扣法"，以"南京"扣"金陵"，"好"扣"女子"，用的就是地名的代称。

表4：月份代名表（农历）

月份	一	二	三	四	五	六	七	八	九	十	十一	十二
代称	陬月 端月 正月	如月 花月 杏月	病月 桐月 蚕月	余月 梅月 槐月	皋月 蒲月 榴月	且月 荷月 暑月	相月 瓜月 巧月	壮月 桂月	玄月 菊月 霜月	阳月 露月 良月	辜月 葭月 腊月	涂月 冰月

古人的称谓比较复杂，除了姓名以外，还有字、号、别号、封号、谥号、官爵、籍贯等，比如诸葛亮，字孔明，号卧龙，封武乡侯（简称"武侯"）；杜甫，字子美，被尊为"诗圣"，又称"工部"（他曾被严武表为"检校工部员外郎"）；柳宗元，字子厚，因为是河东人，又称"柳河东"，他曾被贬官柳州，又称"柳柳州"等。这些都是制谜时常常使用的材料。这一类的代称还有很多，比如"老虎"又称"大虫、於菟、山猫、兽王"；"月亮"又称"蟾宫、桂魄、玉兔、嫦娥、广寒、望舒、白玉盘"等，我们应该尽可能多地掌握它，这在猜谜的时候是非常有用的。

比如我以"敬德求医"（下楼格）打《水浒》绰号一，谜底是"病尉迟"。因为敬德是唐代尉迟恭的字，"敬德求医"不就是尉迟恭生病了吗？用"下楼格"，把谜底"病尉迟"的第一个字"病"移到最后，成"尉迟病"，与谜面相扣。

再比如我以"丈夫"为谜面打一字，就是利用"丈夫"在古代又称"良人"来构思的。把"良""人"两个字合在一起，是一个"食"字，也就是谜底。

 ## 猜谜的具体方法

一则好的谜语，不能让人一下子就猜着，也不能让人老是猜不着，

猜出来以后让人击节赞赏，猜过了以后让人回味无穷，这才是好谜。

谜语的精粹是"迷"，它让人迷惑、迷惘，而又让人迷恋、着迷。制谜的人努力要制造这种"迷"的氛围，猜谜的人则努力要解开层层迷团，谜语的趣味也正在这里。

在一些猜谜活动中，我们常常会看见这样一些情况。面对一则则的谜语，有的人茫然不知所措，简直不知道如何下手，渐渐地也就失去了兴趣。还有的人猜射的速度惊人，但是成功率低到几乎等于零，一则谜语，他可能不停地"猜"出若干个谜底，但是一个也不正确。所以有的猜谜活动，参加的人很多，中鹄的却很少，而且频频猜中的往往就是那几位猜谜的高手，这样，就没有很好的体现猜谜活动的群众性和参与性。究其原因，是因为很多人并不懂得猜谜的方法，没有掌握猜谜的技巧。

从表面上看，谜语扑朔迷离，让人有无从下手之感，但是，它却是有规律，有规则，有方法，有窍门的，掌握了这些规律、规则、方法、窍门，再通过联想、分析，谜底是不难猜出的。

下面，我们就介绍一些常见的猜谜方法。

正面会意

这是最常见的制谜方法，因此也就是最常见的猜谜方法。它的特点是谜面和谜底说的是同一个意思，只是表述的方法不一样，而且往往大量地使用了替代词一类的东西，所以，我们只要根据谜面的意思去思考，或者根据谜面的字义去分析，一般就能顺理成章地找出谜底。比如：

香车系有谁家树（打《西厢》一句）　　　谜底：知他今宵宿在哪里？*

谜面是五代时南唐词人冯延巳《蝶恋花》词中的句子，写一位女子思念爱人，怀疑他是否又有了新的情人，谜底谜面浑然天成，不失为《西厢》谜中的佳作。再比如：

纱厂监工（打《聊斋》篇目一）　　　谜底：《促织》*

在旧社会，资本家为了剥削工人，都雇有监工，读过夏衍《包身工》的人都知道，纱厂的监工是怎样强迫着工人劳动的，其目的，当然是为了纺织出更多的纱和布，也就是"促织"的意思。

上面两则例子，都是谜面谜底浑成扣合，不必作分拆。

也有的谜语需要分拆扣合，比如：

五月无雨旱风起 （打中药名一）　　　　　谜底：夏枯草*

谜面是唐代诗人白居易《杜陵叟》中的诗句。"五月"扣合"夏"字，"无雨旱风起"扣合"枯草"，合起来，就是"夏枯草"。

再比如：

汉苑三月 （打词牌名一）　　　　　　　　谜底：《上林春》*

汉代的苑囿，最有名的当然是天子的上林苑，所以"汉苑"紧扣"上林"；"三月"当然是"春天"，合起来就是"《上林春》"。

反面会意

这种方法又称为"反扣法""反射法""反演法"等。它的特点是谜面并不直接与谜底发生联系，或者说，谜面谜底不从正面发生联系，而是要从反面去猜想，谜面说东，谜底在西；谜面说上，谜底在下；谜面说有，谜底在无；谜面说正，谜底在反。比如：

已为捷足者先登（打词牌名一）　　　　　谜底：《下手迟》*

这则谜语不能从"捷足者""先登"上去会意，而是要从反面着想，"已为捷足者先登"，说明自己落后了，因此谜底是"《下手迟》"。

反面会意的谜语，在谜面上往往要"露"一点东西，比如上面这一则谜语，谜面上的"先"是关键词，让我们可以从它的反意词"后""迟"等上去猜想。

再看下面这一则谜语：

可以站，可以坐（打俗语一）　　　　　　　　谜底：不得行

这一类反面会意的谜语，是用一种包围的办法，只留华山一条路，谜面作某种可以或者不可以的规定，让猜谜者去找寻规定以外的不可以或可以。比如上面这一则谜语，规定了可以"站""坐"，我们可以分析，"站"和"坐"都是一种静止的动作，那么，它的反面应该是一种动的动作，我们可以找到"行""走""跑""跳"等，经过筛选，我们留下了"行"，因为其他几个词不能和"不可以""不能够""不得"等配合成俗语。

别解

这是谜语，尤其是灯谜中最常见的手法，我们在介绍制谜方法的时候已经作了介绍，正因为它利用的是汉字的多音和歧义性，所以，有很强的隐蔽性，使谜语产生出一波三折的效果，而当你豁然开朗，找到正确的方法射中谜底的时候，又有一种峰回路转、柳暗花明的感觉。因此，这类谜语的艺术性最强、最有谜味，但是猜射的时候却有一定的难度。

猜这一类的谜语，思想一定要解放，要离开常规去思考，或者说故意对谜面作错误的理解，而这种错误的、不按常规的理解，往往恰好是解开谜团的钥匙。比如：

光头（打字一）　　　　　　　　　　　　　谜底：小*

光头本意是指没有头发，"头"字在这里是"人的脑袋"的意思，但是这里别解为"上头""上面"，"光头"别解为"'光'字的上面"，所以谜底是"小"字。

莲心（打字一）　　　　　　　　　　　　　谜底：车*

"莲心"本是莲子中绿色的芯，有清热去火的功能，这里用别解的方法，把它理解为"'莲'字的'心'"，所以谜底是"车"。

上面两则谜语是谜面别解，有的谜语也可以是谜底别解。比如：

二（打我国行政区名一）　　　　　　　　　　谜底：云南省*

　　谜底"云南省"，别解为"'云'字的南面省掉"，也就是去掉"云"字下边一部分"厶"，在谜语中，习惯把上、下、左、右与东、南、西、北相配，以上为北，下为南，左为西，右为东。"云"字"省"掉"南"，也就是下面的"厶"，剩下的部分就是谜面"二"。

离合

　　这种方法主要使用在灯谜中。方法是把谜面中的某些字分拆开来，作为谜底。或者把谜面上的字分拆以后再以不同的形式重新拼合。比如：

　　分开用　（打字一）　　　　　　　　　　　　谜底：朋*

　　这则灯谜先用别解的方法，把谜面别解为"分开'用'字"，"用"字分拆开来，成为两个"月"字，拼合在一起，就是谜底"朋"字。

　　齐桓公（打字一）　　　　　　　　　　　　　谜底：怕*

　　"齐桓公"的小名叫"小白"，把"小（借用为'忄'）"与"白"合并起来，就是"怕"字。

增损

　　这种方法主要用于字谜，谜面的文义在这里已经不重要了，只从字的笔画增加或减少来猜射。比如：

　　草上飞（打字一）　　　　　　　　　　　　　谜底：早*

　　谜面别解为"'草'字的上面的'艹''飞'掉"。

　　山崩（打字一）　　　　　　　　　　　　　　谜底：朋*

　　谜面别解为"把'崩'字上面的'山'字'崩'掉"。

上面两则灯语属于笔画的减损。

我还记得这样一则字谜：

崔莺莺佳期未定，老和尚空口无凭，
小红娘良心丧尽，害张生一命归阴。

四句都用《西厢记》中的人物，第一句"崔"字去掉"佳"，剩下一个"山"字；第二句"和"字去掉"口"，剩下一个"禾"字；第三句"娘"字去掉"良"，剩下一个"女"，第四句不是用"增损法"，而是用"会意法"，张生一命归阴，变成了"鬼"，将"山""禾""女""鬼"四个字组合起来，就是一个"巍"字。这也是属于笔画减损的例子。

狠一点（打字一） 谜底：狼*

谜面断句为"狠、一点"，合起来就是"狼"字。
这是笔画增加的例子。
除了笔画的增减以外，有时也可以在字数上增减。比如：

未（打俗语一） 谜底：合口味*

谜面"未"字，加上一个"口"字，合成"味"字。

象形

汉字"六书"中，本来就有"象形"一种，很多汉字，本身就是从象形演变过来的。但是，这里所说的"象形"，与"六书"中的"象形"完全不同，"六书"中的"象形"，是根据对事物的形状的描摹来造字。而谜语中的"象形"，则根据现有文字的某些形式特点来联想。比如：

连珠箭（打字一） 谜底：弗*

这一则灯语就是把"丿""丨"看作是插在弓上的两支箭。

剪草（打字一）　　　　　　　　　　　　谜底：艾*

这里，是把"乂"看作是一把剪刀。

伤心（打字一）　　　　　　　　　　　　谜底：必*

这里，是把"必"字中的"丿"看成是一把刀。

问答

有时候，谜面是一个问题，答案就是谜底。比如：

望闻问切之后干什么（打数学名词一）　　谜底：开方*

猜射问答谜时要注意，谜语中的问答式，绝对不能等同于生活中的问答，而要运用别解。比如上面这一则谜语，在问答式的谜语中属于非常简单的一种，只要稍有常识的人，都知道中医在望闻问切诊病以后，就应该开处方了。但是，如果谜目设定是打"医学术语一"，那就成了直接的回答，不能构成谜语了，而这里的"开方"是数学名词，也就是"别解"，所以这则谜语就可以成立了。

再比如：

部队传令靠什么（梨花格）（打唐代诗人名一）　谜底：崔颢*

一直以来，部队中传达命令都是以"吹号"来完成的，从前的部队，都配有号兵。此谜用"梨花格"，也就是全用别字，谜底就成了"崔颢"。

用典

许多谜语，尤其是灯谜，都是借用典故来制作的，猜谜的时候，必须要了解这些典故的出处和含义，才能够猜出谜底。比如：

长安水边三月三（打词牌名一）　　　　　谜底：《多丽》*

(唐)张萱 《虢国夫人游春图》

　　古时候，三月三日是"上巳节"，这一天大家都要打扮得漂漂亮亮到郊外踏青，到水边祓除不祥，求得一年的平安吉利。那么，这和"多丽"有什么关系呢？原来杜甫写过一首《丽人行》，头两句是"三月三日天气新；长安水边多丽人"。知道了这个典故，猜出谜底《多丽》就不难了。

　　　　时时误拂弦（粉底格）（打《三国演义》人名一）谜底：周瑜*

　　这则谜语的谜面是唐人李端《听筝》诗中的诗句。全诗是：

　　　　鸣筝金粟柱，素手玉房前。
　　　　欲得周郎顾，时时误拂弦。

　　据说三国时东吴大将周瑜精通音乐，听人弹琴，只要弹错了，他一定能听出来，当时就流传着这样一首民谣："曲有误，周郎顾。"李端的诗反其意而用之，弹筝的女子为了引起"周郎"的注意，故意把曲子弹错了，周瑜肯定是听出来了的，所以谜底是"周谕"，也就是"周瑜明白"的意思。因为标明是"粉底格"，所以末一字用同音字"瑜"替代"谕"，正确的谜底就是"周瑜"。当然，要猜中这则谜语，你必须要先知道这个典故。

猜用典的谜，对文化修养要求比较高，对典故不熟的人根本无从下手，所以制作这一类的谜语，一定要用熟典，即很多人都知道的典故，切忌用僻典。这类谜语，一经猜中，一定兴味盎然，因此在猜谜活动中也可以适当地用一点。

承启

有一类谜语，在制作的时候，制谜的人选取的是大家比较熟悉的古今诗文作谜面，但是，它不是直接把谜面给出来，而是把谜面的上句（也有下句）作为谜面写出来。猜射这一类谜语，一定要从它的下句（也有少数是上句）上来考虑。当然，这类谜的条件是标出和未标出的两句话有关系，很多都存在一种因果关系，否则就不能使用。比如：

彩袖殷勤捧玉盅（打词牌名一）　　　　谜底：《不怕醉》*

谜面是宋代词人晏几道《鹧鸪天》词中的句子，看到这个谜面，我们就要联想到下一句"当年拼却醉颜红"，这样，谜底"《不怕醉》"已经跃然纸上了。

弦断有谁听（打《西厢记》一句）　　　　谜底：不遇知音者*

谜面是岳飞《小重山》词中的句子，它的上句是"欲将心事付瑶琴，知音少"，用它扣合谜面，所以谜底是"不遇知音者"。

漏字

用漏字法制作的谜语，所选的内容必须是比较常见，被大家所熟悉的，否则根本不可能知道其中漏掉的什么字。猜谜的人首先要把漏掉的字补出来，然后再与"漏、失、少、无、差、缺、舍、掉、弃、丢、落"等字相配，就可以构成谜底。比如：

纵然一夜风吹去，只在浅水边（打中药名一）　　　谜底：漏芦*

谜面本是唐司空曙《江村即事》诗句，原诗是：

黎孟德 《江村即事》

钓罢归来不系船，江村月落正堪眠。
纵然一夜风吹去，只在芦花浅水边。

制谜者有意"漏掉"了"芦花"两个字，谜底即用"漏芦"去扣合谜面。

求对

要求找出一个谜底，与谜面成为意思不一定相关（在对联中被称为"无情对"），但对仗必须工稳的对子。比如：

杨玉环（打演员名一）　　　　　　　　　　谜底：李金斗*

再比如：

冯梦龙（打古人名一）　　　　　　　　　　谜底：韩擒虎

还有一些比较特殊的猜谜方法，由于很少使用，我们就不一一介绍了。

猜谜的时候，究竟该用哪一种方法，只能根据具体情况来分析，一般来说，应该先从比较常见的方法入手，如果觉得此路不通，再试用其他的方法。只要多参加猜谜活动，积累经验，摸索规律，慢慢地就会得心应手。

谜语趣话

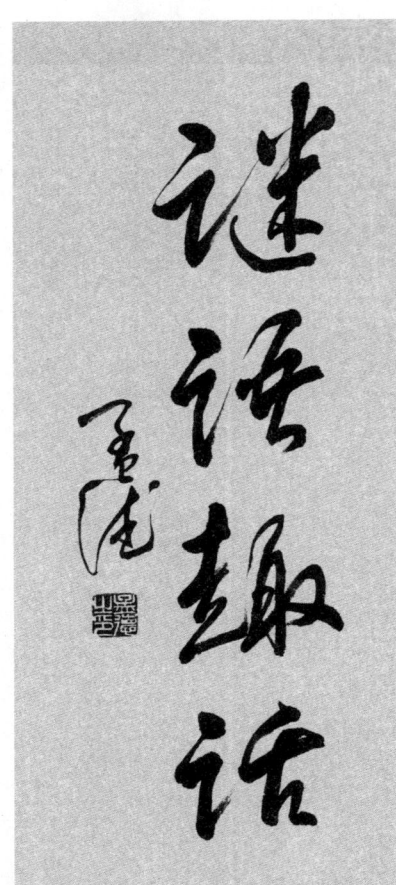

黄帝像（明人绘）

谜语趣话

最早的谜语

早在四千五百年以前，我们的祖先黄帝有一天做了一个梦，梦见刮大风，大风把天下的尘垢都吹得无影无踪了。他又梦见一个人拿着一张重千钧的大弓，驱赶着一万群羊。第二天，他对臣下说："大风把尘垢吹走了，'垢'字吹掉了'土'，还剩下'后'字，但是哪里去找这个名叫'风后'的人呢？一个人能拿得动千钧重的弓，说明他很有力气；一个人能驱赶一万群羊，说明他很善于放牧，但是，又在哪里去找这个名叫'力牧'的人呢？"他还是下令让人到处去找，结果果然在海边找到了叫"风后"的人，在大泽找到了叫"力牧"的人。黄帝非常高兴，认为这是天意，是老天让他们二人来辅佐自己治理国家的，于是，他就让风后做他的相，让力牧做他的将，他们果然帮助他把天下治理得很好。

这是《史记·五帝本纪》张守节《正义》引《帝王世纪》记载的故事，它已经很符合谜语的制作和猜射的基本原则。"垢"字被风吹去"土"字而成"后"字，用的是拆字法。而"力"和"牧"则用的是会意的方法。

这一个故事传说的成分太重，所以有人认为《吴越春秋·勾践阴谋

外传》中记载的《弹歌》才是最早的谜语：

> 断竹，续竹，飞土，逐肉。

也有人认为，最早的一则谜语应该是《易经·归妹·上六》中记载的一首商代歌谣：

> 女承筐，无实。士刲羊，无血。

这两条记载我们在前面已经讲过了。

无盐为后

刘向《新序·杂事》中记载了这样一个故事：战国齐宣王时，齐国有一个名叫无盐的女子，长得奇丑无比，"臼头深目，长壮大节，昂鼻结喉，肥项少发，折腰出胸，皮肤若漆"，所以都三十岁了，还嫁不出去。有一天，她要求面见齐宣王，而且对齐宣王说，她想成为宣王的妃子。当时宣王正与群臣在渐台饮宴，大家听了以后，都掩口而笑，觉得这个女子的脸皮也太厚了。齐宣王召见无盐，问她有什么特别的才能。无盐说她善隐，齐宣王说："这是我所喜爱的。"第二天，就召无盐对隐。但是，无盐来了以后，并不以隐对，而是"扬目、衔齿、举手、拊肘"，反复做了好几次。这等于是打了个哑谜。齐宣王只好请她进言了。于是无盐列举了当时齐国处在秦、楚等强国之间，但内聚奸臣，贤者伏匿，而齐王却高筑渐台，以白玉黄金、翡翠珠玑为饰，谄谀邪伪立于朝，而酒浆流湎，外不修诸侯之礼，内不秉国家之政，所以已是非常危险了。后来，《东周列国志》解释无盐的哑谜说：

> 扬目者，代王视烽火之变；衔齿者，代王惩拒谏之口；举手者，代王挥谗佞之臣；拊肘者，代王拆游宴之台。

这是我们能看到的最早的一则哑谜。齐宣王被震惊了，"罢女乐，退谄谀"，"选兵马，实府库"，终于使齐国成为强国，无盐也被立为王后。

山东出土壁画《无盐女钟离春》

东方朔像

庄姬以鱼龙谏楚王

刘向《烈女传·辩通篇·楚处庄侄》记载了这样一个故事：战国末年，楚怀王和顷襄王父子昏庸，放逐了忠心为国的屈原，而宠幸靳尚等小人，怀王死在秦国，顷襄王即位以后，置强秦的威胁于不顾，大肆建筑宫室台榭，四十岁了还不立太子。秦国准备进攻楚国，让张仪去游说，说南游于五百里外的唐，会很快乐，顷襄王就马上准备去游乐了。

有一个叫庄侄的女子，才十二岁，跑去见顷襄王。在半路上拦住顷襄王的队伍，顷襄王问她有什么事，她说："我想对你说隐事。"顷襄王就让她说。庄侄说："大鱼失水，有龙无尾，墙欲内崩，而王不视。"顷襄王问她什么意思，她说："大鱼失水，是说大王你离开京城五百里，只顾眼前快乐，不顾身后的祸患。有龙无尾，是说大王都四十岁了，还没有立太子。墙欲内崩，你却看不见，祸乱将成，你还没有改变。你好台榭，不体恤老百姓，秦国已经派人在离间你左右的人了，如果你真要离开京城五百里去游玩，恐怕楚国就不再是你的了。

顷襄王让庄侄坐上后车，马上返回京城。当他回到京城的时候，叛乱者已经关闭了城门，顷襄王只得发鄢郢的部队平叛。

叛乱平定之后，顷襄王把庄侄立为夫人。

上林献枣

《太平广记》记载了这样一个故事：汉武帝时的东方朔，是一个很有成就的文学家，他非常聪明，也非常诙谐，而且是射覆和猜谜的好手。有一次，上林苑给汉武帝献上新熟的枣子四十九枚，恰好东方朔上殿，汉武帝就想考考他。他用手杖在未央宫的门槛上敲了几下，对东方朔说："叱叱，先生束束。"然后问东方朔是什么意思。

东方朔知道汉武帝是在用隐语考他，略为思索了一下，就对汉武帝说："陛下，是上林苑献来四十九枚枣子吗？"

汉武帝很惊奇，说："是啊，你怎么猜出来的呢？"

原来，汉武帝用木手杖敲木门槛，"木"和"木"合成一个"林"字。在古时候，皇帝又被称作"上"，合起来就是"上林"。"叱叱"谐音"七七"，为四十九。而"朿朿"重叠起来，是一个繁体的"枣（棗）"字。所以东方朔猜到是"上林苑献来枣子四十九枚"。

夫出半月还

徐陵的《玉台新咏》中，有一首诗谜：

稿砧今何在？山上复有山。
何当大刀头，破镜飞上天。

这是一首妻子怀念小别的丈夫的谜诗。乍一看起来，确实不好理解。

第一句"稿砧今何在"，"稿"是稻草，"砧"是砧板，一作"椹板"，古时候行刑，将犯人用草席包裹，置于砧板上，用"铁"斩决。"铁"是铡草的铡刀，也是古时候腰斩犯人的刑具。一说到"稿砧"，往往就联系到"铁"，而"铁"与"夫"同音，所以"稿砧"就指"丈夫"。

第二句"山上复有山"，是一个"出"字。

第三句"何当大刀头"，从前的大刀上往往有一个乃至几个"环"，"环"与"还"同音，所以"大刀头"代"还"。据《汉书·李陵传》载，李陵投降匈奴以后，汉昭帝派任立政等人出使匈奴，想招回李陵。任立政等人在匈奴找不到与李陵单独交谈的机会，就频频目视刀环，希望李陵能够理解，汉朝有希望他回还的意思。

第四句"破镜飞上天"，古人常以"镜"喻月亮，李白《渡荆门送别》诗就有"月下飞天镜"的句子。"破镜"比喻半个月亮，也就是"半月"的意思。

全诗四句的意思合起来，就是"夫出半月还"。

这首谜诗很有名，以至于后来凡是诗中用隐语的，都被称作"稿砧诗"。

"谜"字的创制人鲍照

鲍照是南朝刘宋时著名的诗人、文学家。他的《拟行路难》十八首是中国文学史上的名篇。他同时还是一位制谜的高手。就连"谜"字,据说都是他首创的。

鲍照制作的谜语,有"井""龟""土"三个字谜,都是中国谜史上的经典之作。"井"字谜在前面已经说过了,下面,我们就来看一看他绝妙的"龟"字谜:

头如刀,尾如钩,中央横广,四角六抽,右面负两刃,左边双属牛。

要读懂这一则谜语,首先要认识繁体的"龟"字——"龜",然后再看一看小篆的"龟""牛""六"是什么样子。

现在我们可以来解这条谜语。

这是一个非常形象的象形字。我们把小篆的"龜"横放,就如同画的一只乌龟。

"头如刀",繁体的"龟"字头上就是有点像一把"刀"。"尾如钩",指后面拖着的那条小尾巴。主体是如同一个篆书的"六"字。"中央"是龟身,"四角"是龟背。"右面负两刃",是龟背上的花纹。"左边双属牛",本是龟的脚,却象两个篆书的"牛"字(借"六"字的一竖)。如此生动的描绘,真是让人叹为观止了。

鲍照的"土"字谜也很精彩:

乾之一九,从(纵)立无偶;巛(坤)之二六,宛然双宿。

这是借用《周易》的卦爻来制的谜。《易经》中的乾、坤两卦,乾为阳,坤为阴,乾卦的符号是"—",坤卦的符号是"− −"。当它们以不同的方式重叠变化为八卦和六十四卦的时候，每一个符号被称为"爻"，"—"为阳爻，称为"九"；"— —"阴爻，称为"六"。搞清楚了这个问题，我们就可以来看鲍照的"土"字谜了。

"乾之一九"，就是"—"。"从（纵）立无偶"，是指把它竖立起来，即是"｜"。"巛（坤）之二六"，就是"— —"。"宛然双宿"，指把它们并起来，即是"＝"。把"｜"和"＝"组合在一起，不就是一个"土"字吗？

北魏孝文帝柏梁体诗谜

先得说一说什么是"柏梁体"诗了。

元封三年（前108），汉武帝筑柏梁台成，就带领群臣到台上饮宴，席间，君臣联诗为乐，每人一句，起于汉武帝，终于东方朔。诗为七言，句句入韵，共二十六句。诗并不见得好，但后人把这种句句入韵的诗（不一定要多人联句）称为"柏梁体"。

杨衒之《洛阳伽蓝记》中记载了这样一个故事：

王肃与高祖殿会。高祖举杯曰："三三横，两两纵，谁能辨之赐金钟。"御史中丞李彪曰："沽酒老妪瓮注瓨，屠儿割肉与称同。"尚书右丞甄琛曰："吴人浮水自云工，伎儿掷绳在虚空。"彭城王勰曰："臣始解此是'习'字。"高祖即以金钟赐彪。朝廷服彪聪明有知，甄琛和之亦速。

"习"字的繁体字是"習"。其实这个字是后代变化了的。最早的"習"字，下面不是"白"而是"日"。秦以前的青铜铭文等都作"日"而不作"白"。秦统一文学，李斯小篆把"日"字上面一横写作"人"字形，后人才在"日"字上加了一撇。

孝文帝的谜，没有具体的形象，只是说出了谜底那个字的笔画。把"習"字拆散，一共有三个三横（九横）、两个两纵（四竖）。

李彪和甄琛的回答也很妙。

我们先看一看"习"字是什么意思。

《说文》的解释是："习，数飞也。"有点费解。《礼记·月令》说："鹰乃学习。"意思是说春天到了，小鹰就开始学和练习飞翔了。

"习"是练习飞翔，也就是多次飞翔的意思。这样，我们也就知道《说文》的解释是什么了。

李彪和甄琛都猜出了谜底，但是，他们都没有直接说出来，而是采用"柏梁联句"的形式给出答案。

李彪说的"沽酒老妪瓮注瓨，屠儿割肉与称同"，是说沽酒的老婆婆把大口的"瓮"中的酒倒到小口的"瓨"中，一点都不会漏出来；卖肉的"屠儿"一刀割下的肉，斤两与用秤称出的一点不差，这些是无数次的练习才能做到的，所以，他猜出了谜底。

甄琛说的"吴人浮水自云工，技儿掷绳在虚空"，是说吴人踩水游泳的技能很高，百戏表演的"技儿"抛掷长绳表演（百戏表演之一）的技艺超群，这些也是要长期练习才能达到的，所以，他也猜出了谜底。

至于彭城王勰，就直接把谜底"习"说出来了。

侯白谜趣

历朝历代都有一些非常聪明而又风趣幽默的人，他们往往利用一些近乎于玩笑的方式，对皇上进行劝谏，对邪恶进行讽刺。战国时齐国的优孟、秦二世时的优旃、汉武帝时的东方朔等都是这样的人物。侯白，是隋、唐时期的一位东方朔似的人物，他非常诙谐，而且很机敏，很善于言辞，他常常陪皇帝和大臣们说笑取乐，一生的传说故事很多，也很有趣，其中，有不少很精彩的谜语。

有一次，朝臣杨素和牛弘退朝回来，侯白看见他们走在一起，就大声地说："日之夕矣！日之夕矣！"

牛弘不知道侯白说这话的意思，杨素就对他说："他们在和我们俩开玩笑，骂我们呢！"

原来，侯白说的"日之夕矣"，是《诗经·王风·君子于役》中的诗句，写一个妇人怀念在外服役的丈夫。"日之夕矣"的下面一句是"牛羊下来"，侯白只说"日之夕矣"，是戏称杨素和牛弘退朝为"牛、羊（杨）下来"。

侯白《启颜录》记载了这样一个故事：隋亡后，侯白又在唐朝做官，他经常跟大家在一块猜谜语，侯白先对众人约法三章："所猜之物，一、必须是能看见的实物；二、不能虚作解释，迷惑众人；三、如果解释完了，却见不到此物，就应受罚。"接着他先出了一则谜语：

燕窝

武则天像

背与屋一样大，肚与枕（车后横木）一样大，口与杯子一样大。

大家都说："天下哪里有口像杯子一样大而背却像屋一样大的物件？一定没有这样的东西，你必须跟我们大家打个赌，免得到时候要赖。"侯白同意了。大家猜了半天，谁也没猜中，侯白就解释说："这是燕子窝。"大家一想，还真是那么回事，不禁大笑认罚。

还有一次，侯白和大家在一起猜谜，大家要侯白出谜，而且规定谜底要是常见的东西，谜也不许出得太难。侯白想了一下，出了一个谜：

有物大如狗，面貌极似牛。

大家左想右想，有的猜獐子，有的猜鹿，猜了半天，侯白都说不是。大家实在想不出来，就让侯白自己说。侯白不慌不忙地说："是小牛。"

从制谜猜谜的角度说，侯白的这则谜不太符合规则，但是他的构思是很巧妙的。

松树与槐树

唐刘悚《国史纂异》记载了这样一个故事：初唐时期，有一个叫贾嘉隐的小孩，非常聪明，七岁的时候，就以神童的名义被皇上召见。他到京城朝见皇上，在朝堂中遇到太尉长孙无忌和司空李勣站在一棵树边上谈话。李勣看见贾嘉隐，就把他叫过来问他说："你知不知道我倚着的这棵树是什么树？"贾嘉隐回答说："是松树。"李勣说："这明明是一棵槐树，你怎么说是松树呢？"贾嘉隐说："'公'站在树木的旁边，合起来不就是一个'松'字吗？"长孙无忌见他这样回答，就问他说："那么你说我倚着这棵树又该叫什么呢？"贾嘉隐回答说："是槐树。"长孙无忌说："同是一棵树，你一会儿说是松树，一会儿说是槐树，看你怎样诡辩。"贾嘉隐说："哪里用得着诡辩，以'鬼'和'木'相配，不就是一个'槐'字吗。"

李勣即徐茂功，因唐高祖赐姓李而更名。他是瓦岗军起义领袖李密的重要谋士，归唐后历事高祖、太宗、高宗（包括武后时）三朝，为人谨慎，是凌烟阁二十四功臣之一。

长孙无忌也是唐初的三朝重臣，凌烟阁二十四功臣之首。他是唐太宗李世民长孙皇后的哥哥，他是李世民争夺皇位中最有力的支持者。李世民晚年，陷于册立太子的苦恼之中。长孙无忌大力支持废原太子李承乾，迫害魏王李泰和吴王李恪（二人皆太宗子），扶持长孙皇后所生的李治最后登上皇位，即唐高宗。所以，有人对他也不太满意，贾嘉隐称李勣为"公"，称长孙无忌为"鬼"，大概是当时一些人的看法。

武则天智破青鹅谜

唐张鷟《朝野佥载》记载了这样一个故事：公元684年，武则天自立为皇帝，改国号为周，这当然引起了朝野中许多人的反对，徐敬业在扬州起兵，讨伐武则天，他们与朝中一些大臣秘密联络，让他们作为内应，其中就有宰相裴炎。

有一次，裴炎派人悄悄给徐敬业送一封密信，不料被截获，拆开一看，信中只有"青鹅"两个字，大家左思右想，都猜不出是什么意思。信被送到武则天那里。武则天一看，略一思索，笑着说道："这是一封通知叛贼起事时间的信。不过用的是拆字谜罢了。'青鹅'两个字，拆开来就是'十二月我自与'的意思。"

"青"字拆开，就是"十二月"；繁体的"鹅"字，拆开来就是"我自与"。这是裴炎通知徐敬业，十二月的时候打过来，他会为内应。不料密信被武则天解开了，裴炎也被武则天杀了。

后来，徐敬业叛军也被武则天镇压下去了。

李白赋诗赠名

唐袁郊《甘泽谣》"许云封"条记载了我这样一个故事：唐代天宝

年间，有一个吹笛的名手，名叫李谟。据说有一次唐明皇在元宵节前一天的晚上创作了一首笛曲。元宵节晚上他悄悄出宫游玩，忽然听到酒楼上有人吹笛，吹的正是他昨天晚上才创作的乐曲。唐明皇非常吃惊。第二天，他叫人去把酒楼上吹笛的人捉来，他一看，是一个年轻人，就问他昨天晚上在酒楼吹奏的乐曲是从哪里学来的。那个年轻人回答说："前天晚上，我在天津桥赏月，这里和皇宫只有一墙之隔，我听见宫里有人吹笛，乐曲很好听，就把它记下来了。我就是长安善吹笛的少年李谟。"唐明皇很欣赏他，就把他释放了，而且让他成为宫廷乐师。当时，大诗人李白也正被唐明皇征召到京，名动天下，他经常出入宫掖，陪唐明皇游玩，他的一些诗，也是为教坊梨园的演出需要而作的，所以他和李龟年、李谟、贺怀智、黄幡绰等内廷供奉的大音乐家关系也很好。

李谟的女儿嫁给了一个姓许的人家，后来有了外孙。外孙满月的时候，他抱着外孙去请大诗人李白给取个名字。李白正在亭子里饮酒下棋，李谟去的时候，他已经有一点醉了。听了李谟的请求，李白随手写了一首诗，放在小孩子的胸前。诗是这样写的：

树下彼何人？不语真吾好。
语若及日中，烟霏谢成宝。

李谟把诗看了又看，还是不明白李白的意思，只好问李白。李白对他说："这就是给你外孙取的名字。"

原来，李白写的是一首离合体的谜诗。"树下人"即"木子"，合成"李"字。"不语"即"莫言"，合成"谟"字。"好"即"女子"，女儿的儿子就是外孙。"语及日中"即"言午"，合成"许"字。"烟霏谢成宝"一般的解释不是很详细，只是说这句的意思是"云出封中"。其实"烟霏"即"云"，《史记·封禅书》载汉武帝封泰山时"昼有白云起封中"。整首诗的意思合起来，就是"李谟外孙许云封"。

嘲姓名

刘勰《文心雕龙》中所说到的"君子嘲隐"，在南北朝时期特别盛行，而且就直接被称为"嘲"。

比如南北朝时北齐的徐之才，被一个姓王的人挖苦说他应该叫"徐乏才"，他就反唇相讥，说对方的姓"有言则讦，近犬便狂，加颈足而为马（馬），施角尾而为羊"。

唐代郑处海《明皇杂录》中记载了这样一个故事：

唐明皇的重臣苏颋自小就聪明过人。有一次，他父亲的一位任京兆尹的朋友来玩，想试试他的才学，就让他咏"尹"字。苏颋略不思索，应声念道：

丑虽不足，甲不全身。见君无口，知伊少人。

乍一听，苏颋好像是在骂人，所以京兆尹不高兴了。苏颋笑着解释说："你不要生气，我说的是一首谜诗，谜底就是'尹'字。你看，'丑'字加足，'甲'字去掉左边一竖，'君'字没有'口'，'伊'字少了'人'，不都是'尹'字吗？"

京兆尹一听，这才转怒为喜，而且对苏颋的聪明大为赞赏。

据《坚瓠集》载，清代顺治中，有一个姓尹的得罪了人，有人就作《尹字谣》来骂他：

伊无人，羊口是其群。斩头笋，灭口君。缩尾便成丑，直脚半开门。一根长轿杠，扛个死尸灵。

句句说的都是"尹"字，但是骂得就有一点恶毒了。

曾经还有人跟姓黄的朋友开玩笑说"你这个姓二螯八足一团大腹，应该叫'蟹'"，也是非常生动形象的。"二螯"指"黄"字上面的"廿"头像蟹的两只钳足；"八足"本是"黄"字下面两画成"八"字，蟹为十足类动物，除"二螯"以外，还有八只脚。"一团大腹"是"黄"字中间的"由"字产生的联想。这样一解释，"黄"字几乎就成了"蟹"的画像了。

大明寺水天下无比

扬州大明寺，建于南朝刘宋孝武帝大明年间（457-464），唐代高僧鉴真曾在此居留并讲学。

据唐人冯翊《桂苑丛谈》记载，晚唐宣宗时，令狐绹奉命出任南面

扬州大明寺

招讨使，前往江南讨伐徐州守将庞勋。经过扬州的时候，他带领一班随从去著名的大明寺游览。

他们在寺中信步游玩，走到西廊的时候，看见墙壁上题了一首诗：

　　一人堂堂，二曜重光。
　　泉深尺一，点去冰旁。
　　二人相连，不欠一边。
　　除去双钩，两日不全。
　　三梁四柱，烈火烘燃。

大家看了半天，都不明白这首诗说的是什么。

大明寺的和尚见是朝廷的官员来寺中随喜，就邀请大家到方丈献茶。茶盖一揭，香飘一室。大家一品，觉得水特别好，有一位叫班蒙的幕僚触动了灵机，明白了刚才看到的是一首诗谜，谜底是"大明寺水天下无比"。他见大家仍不明白，就解释说："'一人堂堂'，'一人'不就是个'大'字吗？'二曜'指日月，重光是一起出现，不就是个'明'字吗？'泉深尺一'，'尺一'就是十一寸，合成一个'寺'字。'冰'字除去旁边的两点，是个'水'字。'二人相连'是个'天'字。'不'字欠左边一撇，是个'下'字。'三梁四柱，烈火烘燃'，是个'无（無）'字。两个'日'字，除却右边的横折钩（乛），剩下两个'匕'，合在一起，是个'比'字。这些字连起来，不就是'大明寺水天下无比'吗？"

大家这才恍然大悟，都称赞作者的构思巧妙。

令狐绹问寺里的和尚，这首谜诗是谁写的。和尚说："这是几年前一位施主到寺中游玩，品茶以后，对大明寺中之水赞不绝口，就在壁上写下了这首谜诗,写完以后就走了,也不知道他的姓名。"

大家听了,都嗟叹不已。

王吉甫巧解"日"字谜

唐、宋以后,谜语越来越受人们的喜爱,尤其是文人学士,常常把它作为一种互相难问的游戏。有时候,一个人出一则谜语给另一个人猜,猜出来以后,被问的人往往并不直接答出谜底,而是根据这个谜底另制一则谜语,算是回答,也反过来考一考对方能不能猜出自己的谜语。这种方式,汉代的射覆已经使用到了,前面举到的东方朔,就经常采用这种形式。

北宋时期著名的政治家、文学家、诗人王安石,对文字研究很有兴趣,它曾经仿照《说文》,写了一部《字说》,当然,其中有许多很牵强的解释,比如他讲"坡"字是"土之皮"。苏东坡就曾经挖苦他说:"如果说'坡'是'土之皮',那么'滑'字就是'水之骨'了。"王安石又说"笃"字是"以竹鞭笃",说以竹鞭马,马就老实听话了,也就是"笃"的意思。苏东坡又开玩笑说:"如果以竹鞭马为笃,那么不知道以竹鞭犬,有何可笑?""笑"字,是可以写作竹字头下面一个"犬"字的。

王安石很喜欢制谜,而且算得上是一位高手。他制作过许多谜语,比如:

目字加两点,不得作贝字猜;
贝字欠两点,不得作目字猜。

谜底是"贺"和"资",构思非常巧妙,把一般人在看谜面的时候很容易掉的"加""欠"一类的字融入谜中,增加了猜射的难度,也增加了猜射的乐趣。这种制谜的方法甚至为后代开创了一条新路,后人就用这个方法制出了许多佳谜。比如:

安字不戴帽,莫当女字猜(打字一)　　　　　谜底:好

谜面的意思是"安"和"字"不戴帽,剩下"女"字和"子"字,

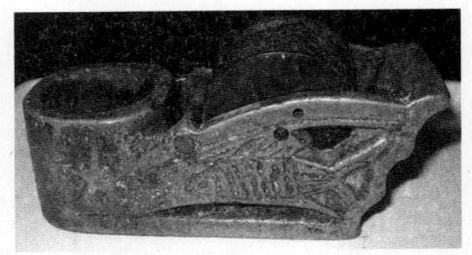

墨斗

合成"好"字。谜面的"字"字隐蔽性很强,很容易被忽视。再比如下面几则谜语:

  木字多一撇,不当禾字猜(打字一)   谜底:移

  林字多一半,不作森字猜(打字一)   谜底:梦

  口中一点,不是日字(打字一)   谜底:虽

精彩绝伦的墨斗谜

  苏东坡不仅是一位诗人、文学家、书法家、画家,也是一个制谜猜谜的高手,据说他常常和妹夫秦少游、妹妹苏小妹一起猜谜玩。他们最喜欢的,就是不直接回答对方的谜底,而是再制一首同底的谜。

  苏东坡有一次出了一则谜让秦观和苏小妹猜,谜底是木匠用的"墨斗":

  我有一张琴,一条琴弦藏在腹。用时马上弹,弹尽天下曲。

  这则谜非常巧妙,用双关的手法,把弹琴和弹墨线连在一起,"马"在这里又指木匠的木马(木匠锯木、刨木所用的马凳)。"曲"在这里又指弯曲。

  苏小妹听了哥哥的谜,知道他说的是墨斗,但并不说破,她用一则谜语来回答:

  我有一间房,半间租给转轮王,放出一线光,邪魔不敢当。

这条墨斗谜也做得很好。墨斗的一半是吸饱墨汁的"斗",墨线从中穿过,绕在一个有摇柄的轮子上,收回墨线的时候,摇动手柄就行了。苏小妹巧妙地把吸满墨汁的斗比作地狱,把轮称为"转轮王"(传说地府有十殿阎罗,第十殿即为"转轮王")。"邪魔"比喻弯曲不直的木头,也非常形象。

秦观一听,自然也不甘落后。他也说了一则谜:

　　我有一只船,一人摇橹一人牵。去时拉纤行,归时摇橹还。

墨斗在使用的时候,是拉着线头的铁钉,把墨线拉出,在需要锯刨的木头上弹出直线。使用完以后,转动手柄,把墨线拉回斗内。秦观用摇船拉纤比喻墨斗的使用,也可以算是匠心独运了。

他们三人的墨斗谜,做得都非常好。

除了"墨斗"谜以外,他们还做过这样一组谜。

有一次,苏东坡到秦少游家,看见桌上有一张纸,上面写着一首诗。是妹夫秦少游的笔迹,墨迹未干,显然是刚写下不久。诗是这样写的:

　　我有一物生得巧,半边鳞甲半边毛。半边离水难活命,半边入水命难逃。

苏东坡一看,明白是一首谜诗,他立刻就猜出了谜底。于是,他拿起笔来,也写下了一首诗:

　　我有一物分两旁,一旁好吃一旁香。一旁峨山去吃草,一旁岷江把身藏。

苏小妹在一旁看见了,不甘示弱,也提笔写下了一首诗:

　　我有一物长得奇,半身生双翅,半身长四蹄。长蹄的跑不快,有翅的飞不起。

苏小妹写完以后,三个人哈哈大笑。原来他们三人的谜诗,描写的都是"鱼"和"羊"两种动物，合起来就是一个"鲜"字。

这些故事，未必真正发生在苏东坡和秦观等的身上，而且苏小妹就是小说中虚构的人物。墨斗谜最早见于《东坡问答录》，制谜的是苏东坡和佛印。《东坡问答录》，《四库全书总目提要》已经说明了是明人的伪作。而东坡和秦观、苏小妹的墨斗谜，见于《东坡诗话》，也是明代人的伪作。但是，这些谜语确实做得非常好。

东坡长亭诗谜

《东坡问答录》中还记载了这样一则十分巧妙和有趣的谜语，虽然仍然是附会在苏东坡身上。

据说宋神宗熙宁年间，契丹有使者出使宋朝。这位使者自以为能写诗，看不起中原人物，朝廷就派苏东坡去馆驿陪伴他。使者要求苏东坡赋诗，东坡说："赋诗很容易，观诗才是很难的事。"于是，写了一首很奇怪的诗留给契丹使者。诗是这样写的：

亭景畫老蘆竹卬首雲暮江蘸峯

这一下把契丹使者难住了，他想了好几天，都没有想出答案，最后，不得不向苏东坡请教。苏东坡也不客气，拿起那首诗，大声读道：

亭长景短无人画，老大横拖瘦竹筇。
回首断云斜日暮，曲江倒蘸侧山峰。

这位契丹使者面红耳赤，羞愧不已，再也不敢小看中原人物了。

这种形式的谜诗，被后人袭用，称之为"长亭体"或"神智体"，成为别具一格的谜语。

苏东坡与佛印

佛印本是一个饱学之士，后来出家做了和尚。他和苏东坡是好朋友，两人经常在一起切磋诗文，也经常互相开玩笑。

有一天，佛印出了一首谜语给苏东坡猜。他出的是一则哑谜，他拿出一串铜钱，当着苏东坡的面数了二百五十文，让苏东坡猜一本书的名字。

苏东坡稍微想了一下，就猜出的谜底，他对佛印说："是《千字文》。"

原来从前的铜钱上，一般都有四个字，如"开元通宝"等。二百五十文铜钱，合起来就有一千个字，所以苏东坡猜出谜底是《千字文》。

有一次，苏东坡与佛印泛舟河之上。苏东坡看见河边有一只狗在啃骨头，灵机一动，想捉弄一下佛印。他指着正在啃骨头的狗，叫佛印看，脸上颇有得意之色。佛印一看，就知道苏东坡又想骂他了，于是就把手中那把题有东坡诗的扇子抛入水中。两人不禁相对大笑起来。原来他们是在打哑谜，东坡叫佛印看那条啃骨头的狗，其实在骂佛印"狗啃河上（和尚）骨"；佛印把题有东坡诗的扇子丢进河里，是在骂东坡"水流东坡诗（尸）"。

东坡戏恶僧

苏东坡曾经因得罪朝廷而被贬谪到岭南。有一次，他去游山，在一座寺庙前，看见一个小沙弥含泪跪在庙门前，手上还有伤痕。苏东坡上前一问，原来他不小心打碎了一盏油灯，被老和尚打了一顿，还被罚跪在庙门口。

苏东坡很同情这个小沙弥，就走进庙里。

老和尚一听是名满天下的苏学士来了，赶紧跑出来，殷勤招待，并且请苏东坡留下墨宝。苏东坡趁机请他赦免了小沙弥。

苏东坡濡墨展纸，写下了一副对联：

　　一夕化身人归去
　　千八凡夫一点无

老和尚一看，以为苏东坡在赞扬自己，就很高兴地命人把对联挂起来了。

后来，佛印云游至此，看见老和尚室中挂着这副对联，不禁哈哈大笑。老和尚还莫名其妙。佛印对他说："你被苏东坡骂了！'一'字、

'夕'字,加上'化"字去掉'亻',是一个'死'字;'千'字、'八'字加个'凡'字去掉当中一点,合成一个'禿'字。苏东坡骂你是'死禿'。"

老和尚一听,气得说不出话来,赶紧叫人把对联取下来撕得粉碎。

这一则谜语还被后人加以变化。

据《啸红笔记》记载,有一位高僧请一位大官题诗,这位大官写下了这样一首诗:

一夕灵光透太虚,化身人去复何如。
愁来不用心头火,炼得凡心一点无。

这位高僧当时没有醒悟,后来被人提醒说:"'化身人去',剩下一个'匕'字,与第一句中的'一'字、'夕'字合成'死'字。'愁'字不用'心'字、'火',剩下'禾'字;'凡'字'一点'没有了,剩下'几'字,'禾'字、'几'字合成'禿'字。他是在骂你是'死禿'。"

为杜诗补字

隋、唐的科举考试,以进士和明经两科为主。明经科主要考对经书的熟悉程度。具体的考试方法是:"以所习之经,掩其两端,中间惟开一行,裁纸为帖。"(马端临《文献通考·选举》)也就是把经文中有的部分用白纸贴上,让考生把贴上的部分补写出来,有一点像现在考试的填空,但难度相当大。

这种方式,后来被转化为制谜猜谜的一种形式。

宋代欧阳修《六一诗话》记载了这样一个故事:有个叫陈从易的读书人,在阅读杜甫诗的时候,发现《送蔡希鲁都尉》中"身轻一鸟□,枪急万人呼"一联的上联缺了末字。这个缺了的字应该是什么呢?陈从易想了很多,都不满意。他便邀集几位好友来补字。

大家冥思苦索,有的补"疾"字,有的补"起"字,有的补"落"字,有的补"下"字,争论了好久,似乎都有道理,又似乎都不太满意。于是,去找了一个完整的本子,才知原诗是一个"过"字。大家仔细体味,都觉得这个"过"看似通俗,其实非常精妙,似不经意,却把

"疾""起""落""下"等意思都包含在内了,而且正因为不确定,所以更引人遐思。陈从易读罢叹服不已,连连说道,虽只一字,但"诸君亦难到也"。

据说苏东坡曾与黄庭坚、秦观、佛印三位好友结伴游山,见古寺壁上题有杜甫的《曲江春雨》一诗,因年代久远,其中"林花著雨胭脂□"一句的尾字已无法辨认。苏试便提议各人试补一字,并率先补一"润"字;接着,黄庭坚补"老"字,秦观补"嫩"字,佛印填"补"字。回家后查杜甫的诗集,才知杜甫用了一个"湿"字。四人佩服得五体投地。乃至苏东坡说:"如观李杜飞鸟句,脱字欲补知无缘。"(见《优古堂诗话》)

后来,大家就把这种方式用在猜谜活动中。制谜者把古诗词或文章一句中的某一字空出,让猜谜的人补上(有时会在旁边给上几个参考答案供选择),比如杜甫《闻官军收河南河北》"即从巴峡□巫峡"(下、过、穿、经)",猜射者在提示中选一个字填上即可。据郭沫若说,他年轻的时候在上海,经常去大世界游玩,那里就有许多猜射灯谜的摊子,其中就有这种掩字的谜。他因为读的书多,所以经常都能赢一些香烟之类的东西。

皛饭与毳饭

宋代大文豪苏东坡是一个非常风趣幽默的人,他有一个好朋友,叫刘贡父,是大史学家,曾参与司马光《资治通鉴》的编纂。有一次,他派人给苏东坡送去一张请柬,苏东坡打一看,是刘贡父请他明天过府去吃"皛饭",这可把博学多才的苏东坡难住了,他知道这是一则谜语,但绞尽脑汁,也不知道"皛饭"是什么东西。后来,他不再想了,反正明天去了以后就知道了。

第二天,苏东坡到了刘贡父家,刘贡父很高兴地把他迎进屋,坐下以后,苏东坡就急忙说:"时间不早了,你就快把'皛饭'端上来吧。"刘为贡父答应了,马上让丫环上"皛饭"。

第一首菜上来了,苏东坡一看,是碟精盐。接着端上来的第二菜是一盘白萝卜,最后端上来的,是一碗白饭。苏东坡不觉哈哈大笑,原来"皛饭"就是"三白饭"。

过了两天,刘贡父也收到苏东坡的请柬,打开一看,是苏东坡请

李清照像

他去吃"毳饭"。刘贡父知道苏东坡可能也在开玩笑，但是，他想了半天，也猜不出"毳饭"是什么东西。

第二天，刘贡父如约来到苏东坡家。苏东坡也很高兴地把他迎进屋，坐下以后，丫环送上香茶，两人一边喝茶，一边聊天，已经过了中午很久了，还没有菜饭上桌。刘贡父忍不住了，就问道："这'毳饭'……"苏东坡说："这'毳饭'吗……盐也毛，萝卜也毛，饭也毛。"苏东坡是四川人，四川人说"毛"，就是"没有"的意思。刘贡父也乐了，说："我知道你要报复我，但没有想到你比我还做得绝。"

苏东坡也笑了，他让人摆上了丰盛的酒席，两人边吃边聊，尽欢而散。

词女之夫赵明诚

宋代著名女词人李清照，在北宋灭亡之前，是非常幸福的，他有一个非常疼爱她、而且是著名文学家的父亲李格非，她的丈夫赵明诚是宰相赵挺之子、著名的金石学家，夫妻十分恩爱。

据元代伊士珍《琅嬛记》记载，赵明诚年幼的时候，父亲赵挺想为她选择一门亲事，赵明诚告诉父亲，说他做了一个梦，梦中读了一本书，醒了以后只记得三句了，这三句话是："言与司合，安上已脱，芝芙草拔。"赵挺解释说："这是一则谜语，'言与司合'，是个'词'字。'安上已脱'，是个'女'字。'芝芙草拔'，是'之夫'两个字。意思是说你今后会娶一个会填词的女子为妻。"后来，赵明诚果然娶了著名女词人李清照为妻。他们夫妻感情很好，共同编辑了著名的

《金石录》一书，这是金石考据方面的一部非常重要的著作。

可惜赵明诚在中年的时候就得病死了，使得李清照的晚年生活非常凄凉。

猜谜罚酒

元代的谜语活动也很盛，元杂剧和散曲中都有不少谜语，一些蒙古贵族也喜欢谜语，在酒席宴上猜谜为乐。元代高德基在《平山记事》中记载了这样一件事：

有一次，元达鲁花赤八剌脱国公设宴招待宾客，酒酣耳热的时候，达鲁花赤八剌脱出了一则谜语让大家猜，猜出来有赏，猜不出来罚酒。他出的谜是：

一字有四个口字、一个十字；
一字有四个十字、一个口字。

大家猜了很久，没有一个人猜出来，都被罚了酒。最后，大家请求达鲁花赤八剌脱公布谜底。达鲁花赤说："这是'图'字和'毕'字。"

原来，繁体的"图"字作"圖"，其中就包含了四个"口"字和一个"十字"。繁体的"毕"字作"畢"，分拆开来，有四个"十"字和一个"口"字。

这一类的谜语，没有多少深沉的含义，也没有多少提示性的内容，完全靠对字形的熟悉和联想。

祝枝山评文

明代著名书画家祝枝山，和唐伯虎、文征明是好朋友，在当时的名气很大。有一次，有一个县令听说他来了，就把自己儿子的文章拿来，请祝枝山给评一评。

祝枝山推辞不掉，只好把文章拿来看。县令的儿子是一个草包，文章全是狗屁不通的八股文。祝枝山拿起笔来，在上面写了两句杜甫的诗：

两个黄鹂鸣翠柳，一行白鹭上青天。

他对县令说:"请猜两句成语,令郎的评语就是这两句成语。"

县令当然是猜不出来的,他下面的那些幕僚围上来,大家都帮着来猜。有一位说:"上一句一定是'有声有色',是形容公子的文章写得精彩。下一句一定是'青云直上',是说公子前程远大。"大家觉得有点道理,都随声附合,县令十分高兴。

祝枝山在一旁听他们这么说,觉得十分可笑,就对县令说:"谜底我已经写在右下角了。"

县令一听,赶紧在右下角找,果然找到一行小字,上面写的是:"不知所云,离题万里。"他气得不得了,可又无可奈何。

以人与物为谜

《丹午杂记》曾记载说,会稽仇沧柱站在门口,有一个人骑马从门前过,看见他站在那里,想跟他开个玩笑,就问他说:"你知不知道'阄'字怎么写?"实际上是骂他是乌龟。仇沧柱也不生气,只是问他:"你知不知道'韦驮'的'驮'字怎么写?"繁体的"驮"字,是"马"字旁一个"犬"字,他很巧妙地回答了别人的挑衅。

《履园丛话》记载,张南溪长得很高,他的两个朋友王铁夫、沈芷生却都很矮小。他们的关系很好,经常在一起。有时候,他们一起出门,王铁夫总是走在前面,张南溪走在中间,沈芷生走在后面,人们称他们是一个"小"字,非常形象。

后来沈芷生中举走了,大家称张南溪和王铁夫是"卜"字。

再后来,王铁夫也中举走了,只剩下张南溪一个人,大家又称他为"丨"(一)字。

徐文长的谜语

徐渭(字文长)是明代的一位奇人,不仅书画冠绝一时,而且诗文俱佳,还写了南戏《四声猿》和戏剧理论著作《南词叙录》。

他还是一位制作灯谜的高手,我们在前面已经介绍过他用《孟子》"何可废也,以羊易之"射"佯"字;以"不用刀,只用篾。勒碎风,劈破月"射"竹帘",以"摸着无节,看看有节。两头冰冷,中间火热"射"历本"(日历),都非常精彩。下面,我们再介绍他的几条同样精彩的谜语:

徐渭 《酣睡图》

　　二划大，二划小（打字一）　　　　　　　　　　　　　谜底：秦

　　二划（横）加上个"大"字，是"奉"，二划加上一个"小"字，是个"禾"字，加在一起，就是"秦"字。

　　月字去了一直（打字一）　　　　　　　　　　　　　谜底：脚

　　这则谜语和上一则一样，妙在谜面几乎一字不废。"月""去""了""｜"，加在一起就是一个"脚"字。

　　出自幽谷，迁于乔木（打字一）　　　　　　　　　谜底：呆

　　谜面是《诗经·小雅·伐木》中的诗句，这里取一个"口"字，然后把它迁到"木"字

　　徐渭还有一方印章，印文是"秦田水月"，他把"秦"字分解为三个"人"和一个"禾"，重新组合，就成了"徐"字。"田""水""月"三字组合，自然就是"渭"字。如果把它理解为是一方印章谜，也是非常巧妙的。

乾隆联谜赠寿星

　　清代是对联大盛的时期，也是谜语大盛的时期，因此，出现了许多二者结合得很好的联谜（也叫做"谜联"）。

乾隆皇帝是一个喜爱文艺的人，他写过不少对联和谜语。据说，在一次南巡途中，遇到一位鹤发童颜的老人，乾隆就问他的年龄。得知老人的年龄后，乾隆写了一幅对联送给老人，对联是这样写的：

花甲重开，外加三七岁月
古稀双庆，内多一个春秋

对联中写明了老人的年龄。老人究竟高寿多少呢？从乾隆的对联中，可以看出，老人高寿一百四十一岁。

上联"花甲重开，外加三七岁月"，古人称六十岁为"花甲"，取十二天干与十地支相配纪年，六十年为一个周期。"花甲重开"，是一百二十岁。外加"三七岁月"，三七是二十一。一百二十加上二十一，是一百四十一。

下联"古稀双庆，内多一个春秋"，古人称七十岁为"古稀"，取"人生七十古来稀"之意。"古稀双庆"，是一百四十岁。再加上"一个春秋"，也就是一年，也是一百四十一岁。

如此高寿，古今罕见。

纪晓岚题匾戏和珅

《清朝野史大观》记载了这样一个故事：清乾隆时，权奸和珅在府内花园中修建了一座凉亭。亭修得很漂亮，周围竹树环合，花木扶苏，景色十分秀丽，和珅非常喜欢。亭修好后，需要题一块匾，他虽然和纪晓岚政见不合，关系并不是很好，但是纪晓岚是乾隆朝第一大才子，所以和珅还是去求纪晓岚。没想到纪晓岚很爽快地就答应了，他亲笔题写了"竹苞"两个大字。和珅不知道是什么意思，纪晓岚告诉他，这两个字出自《诗经·小雅·斯干》"如竹苞矣，如松茂矣"，意思是说松竹繁茂，比喻家门兴旺，常用于祝贺别人新屋落成。和珅听后十分高兴，又看见纪晓岚的字写得龙飞凤舞，他马上让人刻成匾，挂到了亭上。

有一次，乾隆到和珅家，看到纪晓岚题的匾，不觉放声大笑。和珅很奇怪，问乾隆是怎么回事。乾隆说："纪晓岚是在骂你。'竹苞'两个字拆开来，是'个个草包'。"和珅气得命人马上把匾摘下来，砸得粉碎。

口大吞天

清乾隆年间，有一个叫吴省钦的学台，不学无术而又贪婪无比。有一次，他到某地主持乡试，索取贿赂，颠倒黑白，弄得怨声载道，但大家又无可奈何。

有一位秀才，是一位饱学之士，但是因为家境贫寒，无力满足吴省钦的贪欲，所以名落孙山，没有考上。他实在忍无可忍，晚上，悄悄跑到吴省钦的住所门口贴了一幅对联：

少目焉能识文字
欠金安可望功名

横批：

口大吞天

对联和横批把吴省钦的不学无术和贪赃枉法，秀才们靠钱才能买得功名的黑幕揭露得十分深刻，本身就是一幅好联。但难能可贵的，是他把吴省钦的名字以谜的形式嵌在其中了。

横批"口大吞天"，表面看，是痛斥吴省钦贪心太大，但仔细看，"口"和"天"字隐的是"吴"字。

上联"少目"即是骂吴省钦不学无术（古人称不学无术的试官为"盲试官"），两个字合起来又是"省"字。

下联"欠金安可望功名"，既是说自己没有那么多钱财，又揭露了这次科考的黑暗和吴省钦的贪鄙。"欠金"二字，又合成"钦"字。

这样，横批和上下联就把"吴省钦"三个字都嵌进去了，真是妙不可言。

第二天，大家看到吴省钦门口的这幅对联，无不拍手称快，吴省钦也因此声名狼藉。

古小说中的谜语

古小说中的谜语概说

古代的小说中,许多都有谜语,比如《初刻拍案惊奇》中《李公佐巧解梦中言 谢小娥智擒船上盗》中,谢小娥的父亲和丈夫为盗所杀,她梦见父亲对她说:"杀我者,车中猴,门东草。"又梦见丈夫对她说:"杀我者,禾中走,一日夫。"后来遇到洪州判官李公佐解开此谜,"车(車)中走",是个"申"字,十二生肖中猴也属"申"。"门东草"是个"兰(蘭)"字。"禾中走"乃是穿"田"而过,也是"申"字。"一日夫"三个字合成"春"字;凶手是申兰、申春。后来谢小娥手刃仇人,报了大仇。

再比如《说岳全传》中,岳飞北伐大胜的时候,被秦桧以十二道金牌召回。他离开朱仙镇,行到瓜洲的时候,做了一个恶梦,梦见两只黑犬相对蹲着,口吐人言。又梦见扬子江中波浪涛天,一个似龙非龙的怪物从波涛中钻出,向他扑来。在路过镇江金山寺的时候,岳飞见到道悦和尚,把梦中所见告诉了道悦,道悦解释说:"两只犬相对而言,是一个'狱',你此去恐怕有牢狱之灾。怪物扑出,恐有风波之险。"于是道悦趁机劝他辞去官职,潜身林野。岳飞当然没有接受。临别时,道悦赠送了八句偈语:

岁底不足,提防天哭。奉下两点,将人荼毒。
老柑腾挪,缠人奈何?切些把舵,留意风波。

岳飞回京后,果然被投入大狱,后来被秦桧夫妇以"莫须有"的罪名杀害于风波亭。行刑的时间是当年腊月二十九日,应了"岁底不足"。当时天下起了雨,岳飞才领悟到"天哭"是什么意思。也因此知道了"奉下两点"是"秦"字,说的当然是秦桧了。"留意风波"的"风波",指的是风波亭。

黎孟德 《风波亭》

《西游记》中，也有一条非常有名的哑谜。

孙悟空在菩提祖师门下学艺的时候，有一天，他在听祖师说法的时候，听到高兴处，不觉手舞足蹈。祖师要教他这样他不学，教他那样他也不学，祖师生气了，"跳下高台，手持戒尺，指定悟空道：'你这猢狲，这般不学，那般不学，却待怎么？'走上前，将悟空头上打了三下，倒背着手，走入里面，将中门关了，撇下大众而去"。大家都惊呆了，但悟空却"打破盘中之谜"，"祖师打他三下者，教他三更时分；倒背着手走入里面，将中门关上者，教他从后门进入，秘处传他道也"。果然，他晚上三更时分去找到祖师，学到了"长生之妙道"。

这样的例子在古典小说中比比皆是，其中，使用谜语最精彩的是《镜花缘》《红楼梦》《二十年目睹之怪现状》等。

《镜花缘》中的谜语

中国古典小说中，有许多都有谜语猜射，其中收谜最多、水平最高的是李汝珍的《镜花缘》。

《镜花缘》的作者李汝珍是一个非常博学的人，而且堪称灯谜大师，他在书中一共使用了六十八条谜语，许多都堪称精品。这些谜语，

《镜花缘》插图

走马灯

有许多都是打古书,尤其是"四书""五经"中的句子,让今天的人来猜,是相当困难的。但是,我们把它们公布出来,让大家欣赏,可以从中学到许多东西。

《镜花缘》记载了两次猜谜活动。一次是唐敖、林之洋、多九公在智佳国猜谜,一次是众才女在礼部尚书卞滨家猜谜。

下面,我们就把其中的佳作列出部分来赏析:

  昱 (打《诗经》一句)   谜底:上下其音

"上下其音"本是《诗经·邶风·燕燕》中的句子,描写的是燕子自由自在地飞翔,有的飞得高,有的飞得低,它们边飞边叫,声音有的从上面传来,有的从下面传来。这里作者别解为把"音"字的上下调换位置,紧密扣合谜面"昱"字,构思非常巧妙。

  走马灯 (打《礼记》一句)   谜底:无烛则止

走马灯是利用光源产生的热气流带动旋转的,今天的走马灯多用电灯,而古时候的走马灯则是燃蜡烛。没有蜡烛,它当然就停下不动了。

  国士无双 (打《礼记》一句)   谜底:何谓信

乍一看起来,谜底和谜面了不相涉,似乎一点关系也没有。谜底

黎孟德 《游玄都观》

"何谓信"是疑问的口气,问别人"什么是儒家所说的'信'",作者借用别解,"何"指刘邦的相国萧何,"信"指刘邦的大将韩信。而"国士无双"是萧何对韩信的评价。这样,谜底和谜面就丝丝入扣了。

最有趣的是书中又用"何谓信"作谜面,制作了一则佳谜:

何谓信(打《论语》一句)　　　　　谜底:不失人亦不失言

这也是一则问答式的谜语,揭出谜底,人人都能一目了然。

无人不道看花回(打《论语》一句)　　　谜底:言游过矣

"无人不道看花回"是唐代诗人刘禹锡《游玄都观》诗中的句子。玄都观是唐代长安著名的道观,观中的桃花很有名。每年春暖花开,长安的官商士庶都要去那里赏花。"无人不道看花回","道"字很重要,看花回来,都"道"也就"言":"游过了。"谜底"言游过矣"是《论语·子张》中的话,是孔子的学生子夏批评子游,说他的话说错了。"游",子游;"过",过错。这里读作"言:'游过矣。'"非常巧,尤其是谜底的"言"字,紧扣谜面的"道"字,使整个谜语活了起来。

席地谈天（打《孟子》一句）　　　　　　谜底：位卑而言高

这一则谜语于平实中见功夫，非常朴实。

酒鬼（打《孟子》一句）　　　　　　谜底：下饮黄泉

这一则谜语则以趣取胜。以"鬼"字扣"黄泉"，非常贴切。

他（打《孟子》一句）　　　　　　谜底：人也，合而言之

让人惊奇的，是《孟子》中竟有如此贴切的现成句子来扣合谜面。下面这一则谜语也会让你产生同样的感觉：

核（打《孟子》《论语》各一句）　谜底：果在外，仁在其中矣

我们再看下面这一则谜语：

老莱子（打曲牌名二）　　　　谜底：〔孝顺儿〕〔舞霓裳〕

老莱子是春秋时人，是楚国的隐士道家的创始人之一，也是传说中的孝子，七十多岁了，还穿着彩衣，拿着巴浪鼓，在庭前嬉戏舞蹈，让年迈的父母高兴。《二十四孝》中有名的"斑衣戏彩"（又叫"戏彩娱亲"）说的就是他。谜底以"孝顺儿""舞霓裳"扣合谜面，可谓一字不易。

直把官场作戏场（打《论语》一句）　　　谜底：仕而优

把"优"字解作"优人"，也就是演员，以"官场"扣"仕"，以"戏场"扣"优"，实得谜语"别解"的精粹。

昳（打《易经》两句）　　　　　　谜底：离为火，为日

谜底"离为火","为日",是《周易·说卦》中的话。"昹"字分开来,就是"火"和"日"两个字。表面看起来。这个谜似乎太简单、太直白了,但是,"离"是《周易》六十四卦之一,这里解作"分开",是别解,谜味也正在此。

　　嫁个丈夫是乌龟(打《论语》一句)　　　　谜底:适蔡

　　乍一看,谜面很俗,所以最爱开玩笑的紫芝出这个谜时,大家都以为她在瞎吵。这则谜语,用到了代称,古人称占卜用的大龟为"蔡"。《左传》襄公二十三年说:"且致大蔡也。"杜预注:"大蔡,大龟。"陆德明《经典释文》:"一云龟出蔡地,因以为名。"所以也很有味道。

　　使女择焉(打《孟子》一句)　　　　谜底:决汝汉

　　这又是一则十分巧妙而有趣的谜语。"使女择焉","择"什么呢?当然是"择婿"。"婿",在俗语中称"汉子",简称"汉",所以"使女择焉",就是"使女儿自己决定选谁作自己的'汉'"。而《孟子》中的"决",是"决堤""泛滥"。"汝"是汝水,"汉"是汉水。此谜字字用别解,又非常有趣,尤其是让几个未出嫁的女孩子来猜。所以书中描写这一段也极为生动:

　　　　春辉说着,不觉掩口笑道:"这题花妹妹真要疯了,你这'使女择焉',可是'决汝……'"话未说完,又笑个不了"……可是'汉'哪?"一面笑着,只说:"该打!该打!疯了!疯了!"

　　下面这一则谜语也非常精彩:

　　斯已而已矣(打《孟子》一句)　　　　谜底:可以止则止

　　书中写春辉说:"你只看这五字,可有一个实字?通身虚的,这也罢了,并且当中又加'而'字一转,却仍转到前头意思。你想:这部《孟子》可能找出一句来配他?"后来田舜英猜出了谜底。春辉评论说:"我只说这五个虚字,再没不犯题的句子去打他,谁知天然生出'可以止则止'五字来紧紧扣住,再移不到别处去。况且那个'则'字最是难以挑动,'可以'两字更难形容,他只用一个'斯'字,一个'而'字,就把'可以''则'的行乐图画出,岂非传神之笔么!"

照妖镜(打《老子》一句) 谜底:其中有精

这则谜语也非常有趣。

事父母几谏(打一鸟名) 谜底:子规

此谜用分扣法,"事父母"扣"子"字,"几谏"扣"规"字,牢不可破。

《镜花缘》中有几则《西厢》谜也很精彩:

叹比干(打《西厢》一句) 谜底:你有心争似无心好

比干是殷纣王的臣子,传说他劝谏纣王,被纣王剖心而死。谜面的"叹"字极为传神。

下面这一则谜语也很有趣:

花斗(打《西厢》二句) 谜底:金莲蹴损牡丹芽,玉簪儿抓住荼蘼架

《镜花缘》中还有不少精彩的谜语,不一一列举了。

《红楼梦》中的谜语

《红楼梦》这部文学巨著,又被称为"文备众体",书中有许多诗、词、曲、赋、谣、谚、铭、诔、对联、谒语、酒令、骈文,甚至包括茶、酒、医、历、书、画、建筑等的描写,成就都极高。书中也有多处用到谜语,而且也非常精彩。

在《红楼梦》中,谜语并非是作者在炫耀文才,而和其他内容一样,

是书中非常重要的有机组成部分,是情节的发展和人物刻画的需要。

从整体上看,《红楼梦》本身就是一本包含了无数"谜"的"谜书"。书中有两个重要人物,一个叫"贾雨村",一个叫"甄士隐",作者说得很清楚,他是"将真事隐去",而采用的"假语村言"。所以《红楼梦》才会留下那么多不解之谜,至今仍然聚讼纷纭。

《红楼梦》第五回《游幻境指迷十二钗 饮仙醪曲演红楼梦》中,宝玉魂游太虚幻境薄命司,在那里看到了《金陵十二钗正册》《金陵十二钗副册》和《金陵十二钗又副册》中的十四首图咏,这些图咏预示了书中那些主要女孩子的命运,差不多都可以看作是谜语,比如他最先看到"又副册"中晴雯的图咏。

画上既不是人物,也不是山水,不过是水墨滃染,满纸乌云浊雾而已。后面有几行字,写的是:

霁月难逢,彩云易散。心比天高,身为下贱。风流灵巧招人怨。寿夭多因诽谤生,多情公子空牵念。

"霁"是雨雪停止,天放晴的意思,比如"雪霁""光风霁月"等。所以首句射"晴"字。"彩云",即成花纹的云彩。"彩云"即"雯"。《集韵》:"云成章曰雯。"首二句即隐"晴雯"的名字。后面是晴雯一生的遭遇,看过《红楼梦》的人都会明白的。

"又副册"中他还看到了袭人的图咏。图上画的是一簇鲜花,一领破席。后面的文字写的是:

枉自温柔和顺,空云似桂如兰。
堪羡优伶有福,谁知公子无缘。

画上的鲜花隐袭人的姓,破席隐袭人的名。花袭人的名字,是宝玉根据陆游的《村居书喜》诗"花气袭人知骤暖(《红楼梦》作"昼暖")"取的。"温柔和顺"是袭人的性格;"似桂似兰"指"花气袭人";"优伶有福",指袭人在宝玉出家以后嫁给了优伶蒋玉菡;"公子无缘"指王夫人虽然答应把袭人给宝玉为妾,但最终与宝玉无缘。

"副册"中,宝玉看到的是香菱的图咏。画上是一株桂花,下面有一方池塘，水涸泥干，莲枯荷败。后面的文字是：

根并荷花一茎香，平生遭际实堪伤。
自从两地生孤木，致使香魂返故乡。

香菱是《红楼梦》诸女中命运极不好的一个，小时候被拐卖，后来嫁给了薛蟠作妾，薛蟠娶夏金桂为妻后，香菱受尽折磨，最后被害死。图中的桂花，隐夏金桂。莲枯荷败，指香菱的命运。香菱本名"甄英莲"（谐"真应怜"），"根并荷花一茎香"指"菱"。菱是一种水生植物，开红白花，果可食。"自从两地生孤木"隐"桂"字。"两地"即两个"土"字，重叠成"圭"，与"孤木"合在一起，就是一个"桂"字，这里暗指夏金桂。

"正册"第一篇即是"钗、黛合一"的。画上是两株枯木，木上悬一玉带，地下一堆雪，雪中埋一金钗。后面的诗句是：

可叹停机德，堪怜咏絮才。
玉带林中挂，金钗雪里埋。

画上两株枯"木"，合成"林"字。"玉带林"反过来读，就谐音"林黛玉"。雪中埋金钗，隐"薛宝钗"。"可叹停机德"说薛宝钗有符合封建社会传统的"妇德"。"停机德"出《后汉书·列女传》，战国时燕国乐羊子出去寻师求学，因为想家，只过了一年就回家了，他妻子正在织布，知道乐羊子回家的缘故后，拿起剪刀就把织布机上的线剪断了，以此规劝乐羊子继续求学，不要半途而废。"堪怜咏絮才"说林黛玉有超人的才华。"咏絮才"说的是王凝之妻谢道韫，聪明有才辩，有一次遇到天降大雪，叔父谢安说："用什么来比喻下雪？"谢安哥哥的儿子谢朗说："撒盐空中差可拟。"谢道韫说：'未若柳絮因风起。"谢安很高兴，大家也都赞不绝口，后来就把善诗文的女子称为"咏絮才"。

"正册"中分别记载了元春、探春、惜春、迎春、李纨、王熙凤、秦可卿、巧姐、妙玉等人的休咎，有一些与下文相符，有一些与后文不太相符，引起了后代红学家们的种种猜测。比如王熙凤的诗：

> 凡鸟偏从末世来，都知爱慕此生才。
> 一从二令三人木，哭向金陵事事哀。

诗中"凡鸟"二字隐"凤（鳳）"字。"一从二令三人木"，脂砚斋评说是"拆字法"，也就是谜语。后人分析，这是指王熙凤一生的三个阶段。"一从"指最初是"从"；"二令"指后来手握大权，发号施令；"三人木"应该解作"休"字，预示了王熙凤最后被休弃，最后"哭向金陵（王熙凤是金陵人）"，但是书中并没有王熙凤被休的情节，研究者认为这是续作者高鹗并没有忠实于曹雪芹的本意。

《红楼梦》第二十二回《听曲文宝玉悟禅机　制灯谜贾政悲谶语》中，有一场十分精彩的猜谜活动。

先是贾母出的一个谜语：

猴子身轻站树梢（打一果名）　　　　　　　　谜底：荔枝

谜底本是"立枝"，谐音"荔枝"。这则谜很简单，贾政一下子就猜着了。他也出了一则谜语给贾母猜：

> 身自端方，体自坚硬。
> 虽不能言，有言必应。

他把谜底悄悄告诉了宝玉，又让宝玉悄悄地告诉了贾母，贾母就很高兴地猜出了谜底"砚台"。

下面则是宝玉和众姐妹的谜语，贾政一一猜射。这些谜语都与制谜者的吉凶祸福有很大关系，被人称为"谶语谜"。

元春的谜是：

> 能使妖魔胆尽摧，身如束帛气如雷。
> 一声震得人方恐，回首相看已成灰。

谜底是"爆竹"。元春被选为贵妃，称得上是"一声震得人方恐"了，但是她死得很早，应了《金陵十二钗》中"喜荣华正好，恨无常又到"的话。也就是"回首相看已成灰"了。

迎春的谜是：

天运人功理不穷，有功无运也难逢。
因何镇日纷纷乱，只为阴阳数不通。

谜底是"算盘"。迎春是最软弱无能的，就像算盘一样只会被人摆布拨弄。

探春的谜是：

阶下儿童仰面时，清明妆点最堪宜。
游丝一断浑无力，莫向东风怨别离。

谜底是"风筝"。探春是姐妹中最有抱负也最有才能的，她曾经代凤姐主持过一段家务，但最终被远嫁他方，就像"游丝一断"一样，"千里东风一梦遥"。

宝玉的谜是：

南面而坐，北面而朝。
象忧亦忧，象喜亦喜。

谜底是"镜子"。这则谜很受贾政的欣赏，谜也确实做得好。"南面而坐，北面而朝"，这是镜子的基本特征。妙处在"象忧亦忧，象喜亦喜"两句。表面看，"象"是指形象和影象，但其实是人名。"象忧亦忧，象喜亦喜"语出《孟子·万章》。象是舜的弟弟，舜的父母和弟弟多次迫害他，但他仍然孝顺父母，友爱兄弟。孟子说舜"象忧亦忧，象喜亦喜"，万章表示不相信，问道："舜伪喜者与？"孟子认为他是真的因象的喜忧为喜忧。在《红楼梦》中，这个"象"代表的是林黛玉，宝玉是以黛玉的喜忧为喜忧的。

宝钗的谜是：

有眼无珠腹内空，荷花出水喜相逢。

梧桐叶落分离别，恩爱夫妻不到冬。

谜底是"竹夫人"。这是一种用竹篾编成的东西，中空，透风的圆形之物，夏天睡觉时抱着取凉，也可以搁脚。"有眼无珠腹内空"就是它的形象。"荷花出水"是夏季，竹夫人被使用；"梧桐叶落"是秋季，天已凉爽，竹夫人就弃而不用了。所以末句说"恩爱夫妻不到冬"。贾政看到此处，心中感叹："此物还倒有限，只是小小年纪，作此等言语，更觉不祥。看来皆非福寿之辈。"后来宝钗虽然嫁给了宝玉，但宝玉最终出家而去，就应了"夫妻不到冬"的谶语。

《红楼梦》中还有一些佳谜。

《红楼梦》第五十回《芦雪庵争联即景诗 暖香坞雅制春灯谜》李纨出了几则谜语：

观音未有世家传（打"四书"一句）　　　　谜底：虽善无征

书中描写说："湘云接着就说：'在止于至善。'宝钗笑道：'你也想一想"世家传"三个字的意思再猜。'李纨笑道：'再想。'黛玉笑道：'哦，是了。是"虽善无征"。'"观音是佛教中大慈大悲的菩萨，《法华经·普门品》说："若有无量百千万亿众生，受诸苦恼，闻是观世音菩萨，一心称名观世音菩萨，即时观其音声，皆得解脱。"在民间，观音菩萨是善的化身。"世家传"，指没有家世传承，也就是家世无征。征，是征兆，验征的意思。谜底"虽善无征"是《中庸》中的话，是指王天下的最高境界，即做了善事，有了善举，不张扬，不留迹。但是，"不征无信，无信民不从"，意思是你的善举老百姓不知道，又怎么取信于民呢？不能取信于民，老百姓也怎么会服从你呢？这里是指观音以大慈大悲之心，普渡众生，但却如春风化雨，不现痕迹。

一池青青草何名（打"四书"一句）　　　　谜底：蒲芦也

这则谜是李纨的丫环纹儿制的，比较简单，湘云因为刚才猜错了，所以赶紧说："这一定是'蒲芦也'，再不是不成？"当然这一次她是猜对了。

水向石边流出冷（打古人名一）　　　　　　　谜底：山涛

此谜也比较简单，是李纨的丫环绮儿制的。"石边"扣"山"，山石边流出的水，自然就是"山涛"了。山涛是西晋著名的"竹林七贤"中人。

萤（打字一）　　　　　　　　　　　　　　　谜底：花

这则谜语比较难猜。《红楼梦》中描写说："众人猜了半日，宝琴笑道：'这个意思却深，不知可是花草的"花"字？'李绮笑道：'恰是了。'众人道：'萤与花何干？'黛玉笑道：'妙得很！萤可不是草化的？'众人会意，都笑了说'好！'"黛玉说的"萤可不是草化的"，出自《礼记·月令·季夏》："腐草为萤。"意思是说萤是腐草变成的。

因为这次编谜语是为了贾母，宝钗认为这些都太艰深了，不合老太太的意思，要大家编一些浅显些的。缃云就说了一支《点绛唇》（上半阕）：

溪壑分离，红尘游戏，真何趣？名利犹虚，后事终难继。
　　　　　　　　　　　　　　　　　　　　　谜底：耍的猴儿

《红楼梦》中描写道："众人不解，想了半日，也有猜是和尚的，也有猜是道士的，，也有猜是偶戏人的。宝玉笑了半日，道：'都不是。我猜着了，一定是耍的猴儿。'湘云笑道：'正是这个了。'众人道：'前头都好，末后一句怎么解？'湘云道：'那一个耍的猴子不是剁了尾巴去的？'众人听了，都笑起来，说：'他编个谜儿也是刁钻古怪的。'"

谜面中的"溪壑"，指山水，是猴儿生长的地方。"溪壑分离"，指猴儿被带离了生长的山水。"红尘"指人间，"红尘游戏"，指猴儿被带到尘世间表演。"名利犹虚"，不管表演得怎么样，对猴儿都没有关系。最后一句最有趣，不过书中已经解释了。

下面，宝钗、宝玉、黛玉也都出了谜。

宝钗的谜是：

> 镂檀镌梓一层层,岂系良工堆砌成。
> 虽是半天风雨过,何曾闻得梵铃声。

因为只是制谜,书中并没有给出谜底。"脂砚斋"批本拟谜底是"树上松球"。"松球"即"松果"。"镂檀镌梓"指佛塔,松果外有鳞皮一层层包裹。"梵铃"即风铃,佛塔或房檐悬挂的铃铛,风过时作响,所以称"风铃",又称"九子铃"。松果又像风铃,但不管风如何吹拂,都不会发出声音,所以说"虽是半天风雨过,何曾闻得梵铃声"。

宝玉的谜是:

> 天上人间两渺茫,琅玕节过谨提防。
> 鸾音鹤信须凝睇,好把唏嘘答上苍。

此谜"脂砚斋"批本拟的谜底是"风筝琴"。"风筝琴"是风筝上的哨子或弦一类的东西,风吹时会发声。"天上人间",指风筝上天,与人间远隔。"琅玕"本指似玉的美石,《尚书·禹贡》说:"厥贡惟球琳琅玕。"孔安国传:"琅玕,石而似玉。"后来用作竹的代称,唐杜甫《郑驸马宅宴洞中》诗:"主家阴洞细烟雾,留客夏簟青琅玕。"仇兆鳌注:"青琅玕,比竹簟之苍翠。"有人说竹林对放风筝有碍,但有点牵强,我以为是风筝架以竹制,在削制竹篾的时候,遇节要当心。

黛玉的谜是:

> 騄耳何劳缚紫绳,驰城逐堑势狰狞。
> 主人批示风云动,鳌背三山独立名。

此谜书中也没有说明谜底,现在一般都猜作"走马灯"。"騄耳"是传说中周穆王的良马,"风云动"指走马灯靠燃烛火而生的热气流转动。

《红楼梦》中还有一组诗谜,在第五十一回,是薛宝琴作了十首怀古诗,这十首怀古诗其实是十首诗谜,曹雪芹在书中没有给出谜底。这些谜诗引起了《红楼梦》研究者和谜语爱好者的极大兴趣,许多人都根据自己的理解给出了一些答案,但至今尚未成为定论,也算是曹雪芹给我们留下的一道谜语。

这十首谜诗,抄录在下面,后人给出的谜底,也择要录出,供大家参考:

赤壁怀古

赤壁沉埋水不流,徒留名姓载空舟。
喧阗一炬悲风冷,无限英魂在内游。

（参考谜底:焚烧给死人的法船、蚊子灯）

交趾怀古

铜柱金城振纪纲,声传海外播戎羌。
马援自是功劳大,铁笛无烦说子房。

（参考谜底:喇叭、铜钟）

钟山怀古

名利何曾伴汝身,无端被招出凡尘。
牵连大抵难休绝,莫笑他人嘲笑频。

（参考谜底:傀儡、耍猴、不倒翁）

淮阴怀古

壮士须防恶犬欺,三齐位定盖棺时。
寄言世俗休轻鄙,一饭之恩死也知。

（参考谜底:马桶、殉葬纸人、打狗棒、纳宝瓶）

广陵怀古

蝉噪鸦栖转眼过,隋堤风景近如何。

只缘占得风流号，惹得纷纷口舌多。

  （参考谜底：柳絮、箫、柳木牙签、柳树、风箱）

桃叶渡怀古

衰草闲花映浅池，桃枝桃叶总分离。
六朝梁栋多如许，小照空悬壁上题。

  （参考谜底：团扇、门神纸、桃偶、油灯、楹联）

青冢怀古

黑水茫茫咽不流，冰弦拨尽曲中愁。
汉家制度诚堪叹，樗栎应惭万古羞。

      （参考谜底：墨斗、枇杷）

马嵬怀古

寂寞脂痕渍汗光，温柔一旦付东洋。
只因遗得风流迹，此日衣衾尚有香。

    （参考谜底：肥皂、香皂、洗脸盆）

蒲东寺怀古

小红骨贱一身轻，私掖偷携强撮成。
虽被夫人时吊起，已经勾引彼同行。

  （参考谜底：缝衣针、红天灯、骰子、竹帘、鞭炮）

梅花观怀古

不在梅边在柳边，个中谁拾画婵娟。
团圆莫忆春香到，一别西风又一年。

     （参考谜底：纨扇、扇子、月饼）

《二十年目睹之怪现状》中的谜语

古典小说中，除了《镜花缘》和《红楼梦》之外，谜语最多、最精彩的恐怕要算清末吴趼人的《二十年目睹之怪现状》了，书中记载了多次猜谜活动，有许多堪称绝作的佳谜。

《二十年目睹之怪现状》第七十五回《符弥轩逆伦几酿案 车文琴设谜赏春灯》和第七十六回《巧遮饰赘见运机心 先预防嫖界开新面》两回中，不仅有许多非常好的灯谜，而且对清代猜谜活动有非常生动形象的描写：

这天正是元宵佳节，我到伯述处坐了一天，在他那里吃过晚饭，方才回家。因为月色甚好，六街三市，甚是热闹，便和伯述一同出来，到各处逛逛，绕着道儿走回去。回到家时，只见门口围了一大堆人。抬头一看，门口挂了一个大灯，灯上糊了好些纸条儿，写了好些字，原来是车文琴在那里出灯谜呢。我和伯述都带上了眼镜来看。只见一个个纸条儿排列得十分齐整，写的是……当下我和伯述两个跟了文琴进去，只见堂屋当中还有一个灯，文琴却让我们到旁边花厅里去坐。花厅里先有了十多个客，也有帮着在那里发给彩物的，也有商量配搭赠品的，也有在那里苦思做谜的。彼此略略招呼，都来不及请教贵姓台甫。文琴一面招呼坐下，便有一个家人拿了三张条子进来，问猜的是不是。原来文琴这回灯谜比众不同，在门外谜灯底下，设了桌椅笔砚，凡是射的，都把谜面条子撕下，把所射的写在上面，由家人拿进来看。是射中的，即由家人带赠彩出去致送；射错的，重新写过谜面粘出去。

作为封建社会末期的讽刺小说，《二十年目睹之怪现状》中的谜语，仍然有很多是以"四书""五经"等古书中的内容为谜底的，和今天的时代隔得稍微远了一点。但是其中不乏佳作，比如：

子不子（打《孟子》一句）　　　　　　　　谜底：当是时也

"子不子"的本意，是"儿子不象儿子"，这里别解为"'子'字

五羊城

不当'儿子'讲",那"子"字还可以当什么讲呢?"子"是天干名,古人以天干计时,所以谜底说的"当是时也"。

    不可夺志(打《孟子》一句)   谜底:此匹夫之勇

  古语有"三军可夺帅,匹夫不可夺志"的话,所以说"不可夺志"是"匹夫之勇"。

    广州地面(打《孟子》一句)   谜底:五羊之皮

  传说古时候有五位仙人,乘五色羊,持六穗秬至广州,所以广州有"五羊城"之称,这里就以"五羊"扣"广州"。"地面"俗称"地皮",所以谜底是"五羊之皮"。这里的"五羊之皮"指百里奚。百里奚本是虞国大夫,虞亡,为晋所俘,作为陪嫁之臣送到秦国。后出走楚,为楚人所执。后来秦穆公知道他是个人才,就想以重金把他换回来。有人对秦穆公说,如果这样,楚国就会知道百里奚的才能,不会放他回来了,你就说他是一个逃跑的奴隶,用五张羊皮去交换他。果然,楚国很爽快地就把百里奚交给秦国了。秦穆公任用他为大夫,称"五羖大夫"。"羖",黑色的公羊。此谜用的是别解。

    谏迎佛骨(打《论语》《孟子》各一句)谜底:故退之,不得于君

  "退之"是唐代文学家韩愈的字。韩愈以儒家正统自居,力辟

佛老。唐宪宗曾把凤翔法门寺的佛骨（据说是释迦牟尼佛的指骨）迎至京师供养，韩愈上表力谏，得罪了宪宗，被贬谪到潮州（今广东潮州）。他曾有诗《左迁至蓝关示侄孙湘》说"一封朝奏九重天，夕贬潮阳路八千"，说的就是这件事。谜底的"退之"，用的也是别解，《论语·先进》："子曰'求也退，故进之；由也兼人，故退之。'"意思是说，冉求很懦弱，所以我鼓励他；子路好勇，所以让他冷静一些。

除了这些以"四书""五经"为谜底的谜以外，《二十年目睹之怪现状》中有许多很精彩的其他谜目的谜语。

焚林（打字一）　　　　　　　　　　　　　　谜底：樵

"樵"字可以分解为"焦""木"两个字。"焚林"，"木"当然就被烧"焦"了。"木"与"焦"合成"樵"。

老太太（打字一）　　　　　　　　　　　　　谜底：嫂

"嫂"字可以分解为"女""叟"两个字。"叟"字的本意指老头，"女叟"借指"女性的老人"，就像称"姐姐"为"女兄"，"妹妹"为"女弟"一样。

地府国丧（打《聊斋》篇名一）　　　　　　谜底：《阎罗薨》

"国丧"指皇帝死了。"地府国丧"，死的当然是阎罗王了。

霹雳（打《西游记》地名一）　　　　　　　谜底：大雷音

"霹雳"是"大雷的声音"。而"大雷音"是《西游记》中的地名，这里运用了别解，谜语成立。

凤鸣岐山（打《红楼梦》人名一）　　　　　谜底：周瑞

"岐山"在今陕西省，周朝的发祥地，周朝最早建都就在岐山之下。据说在建国之初，就有凤凰鸣叫，被视为吉兆。

《二十年目睹之怪现状》中最多的是《西厢》谜：

  一杯闷酒尊前过   谜底：未饮心先醉

为什么会喝"闷酒"，一定是遇到了什么事情，这种情况，最容易醉，甚至"酒不醉人人自醉"了。

  天兵天将捉嫦娥   谜底：围住了广寒宫

这是一则很有趣的谜语。广寒宫是月中的宫殿，据神话传说，嫦娥就住在广寒宫。天兵天将要捉嫦娥，围住的自然是广寒宫了。谜面并非真有其事，但谜面谜底扣合贴切。

  望梅止渴   谜底：涎空咽

"望梅止渴"的故事出自《世说新语·假谲》："魏武行役失汲道，军皆渴，乃令曰：'前有大梅林，饶子，甘酸可以解渴。'士卒闻之，口皆出水，乘此得及前源。"这是曹操征讨张绣时的事，行军路上找不到水源，又是大热天，将士们口渴难耐，曹操就谎称前面有一片大梅林，结满了果实，大家一听，联想到梅子酸酸的味道，嘴里都冒出口水来，终于坚持到了有水源的地方。谜底"涎空咽"扣合的就是这件事。

  相片   谜底：有影无形

"影"指影像，"形"指真实的形体，相片只有影像，没有真人真物，所以说是"有影无形"。

  破镜重圆   谜底：分别打个照面

《破镜重圆》的故事见于唐孟棨《本事诗》。南朝陈后主陈叔宝有一个妹妹乐昌公主，才貌出众，嫁与太子宾客徐德言为妻。

徐德言预见到陈朝不久将会灭亡，就对妻子说："以你的才华和容貌，亡国后必定会落在豪强的家里，你我如果有缘，一定能还重逢，但要有个信物作为凭证。"他就将一面铜镜破为两半，自己留一半，另一半给妻子，说："每年正月十五那天，你在集市上卖这半面镜子，如果我还活着，我会在那天去找你。"

陈朝亡国后，乐昌公主果然落入了隋朝大臣越国公杨素家里。徐德言历经流离颠沛，也终于回到了京城。第二年正月十五，徐德言赶到都市大街，果然看见一个老头在叫卖半片铜镜，而且价钱昂贵。徐德言一看半片铜镜，知妻子已有下落，禁不住涕泪俱下。他立即把老者领到自己的住处，向老者讲述了自己的故事，并拿出自己珍藏的另一半铜镜，两半铜镜重合了。卖镜老人被感动了，徐德言就题诗一首，托老人带给乐昌公主。诗这样写的：

　　　　镜与人俱去，镜归人不归。
　　　　无复嫦娥影，空留明月辉。

乐昌公主看到丈夫题诗，想到与丈夫咫尺天涯，难以相见，不由大放悲声。杨素再三盘问，才知道了其中情由，他也不由得被他们二人的真情深深打动。他立即派人将徐德言召入府中，让他夫妻二人团聚。

谜底中的"打个照面"是别解。"打个照面"的本意是指见一下面，这里是写镜子的功能，用来"照面"，也就是照出人脸的影像。

　　哑吧看戏　　　　　　　　　　　　谜底：眼花撩乱口难言

这也是一则很有趣、很精巧的佳作。

　　北岳恒山　　　　谜底：带齐、梁，分秦、晋，隘幽、燕

原注："恒山，五岳之一，主峰在河北曲阳西北，明代后改以山西浑源东南恒山为北岳。""带"，这里是连接的意思。

　　走马灯人物　　　　　　　　　　　谜底：脚跟无线如蓬

转——走马灯上所画的人物，随灯面转动，就像飞蓬一样。"蓬"指"蓬草"，是一种多年生草本植物，花白色，中心黄色，叶似柳叶，子实有毛，体轻，随风飘飞，亦称"飞蓬"。

  谜面太晦　　　　　　　　　　　　谜底：好着我难猜。

"着"是"令""教"的意思。

  亏本潜逃　　　　　　　　　　　　谜底：撇下赔钱货

此谜也很有趣。为什么会"亏本"？因为货不好卖，也就是"赔钱货"。既然是"潜逃"，东西当然不要了，扣合"撇下"。

  强盗宴客　　　　　　　　　　　　谜底：这席面真乃乌合

这也是很有趣的一则谜语。"乌合"，即"乌合之众"，强盗宴客，请的多半也是强盗，谜底"这席面真乃乌合"，丝丝入扣，一字不移。

  打不着的灯谜　　　　　　　　　　谜底：只许心儿空想

这些谜语，制谜的手段是相当高明的。

近代谜趣

鲁迅与谜语

  未到黄昏时分，天下已经泰平，或者竟是全都忘却了，人们的脸上不特已不紧张，并且早褪尽先前的喜悦的痕迹。在庙前，人们的足迹自然比平日多，但不久也就稀少了。只因为关了几天门，孩子们不能进去玩，便觉得这一天在院子里格外玩得有趣，吃过了晚饭，还有几个跑到庙里去游戏，猜谜。

"你猜。"一个最大的说，"我说一遍——白篷船，红划楫，摇到对岸歇一歇，点心吃一些，戏文唱一出。"

"那是什么呢？'红划楫'的。"一个女孩说。

"我说出来罢，那是……"

"慢一慢！"生癞头疮的说："我猜着的：航船。"

"航船。"赤膊的也道。

"哈，航船？"最大的道："航船是摇橹的。他会唱戏文么？你们猜不着。我说出来罢……"

"慢一慢，"癞头疮还说。

"哼，你猜不着。我说出来罢，那是：鹅。"

"鹅！"女孩笑着说，"红划楫的。"

"怎么又是白篷船呢？"

这是鲁迅先生的小说《长明灯》中对乡村儿童猜谜语的生动描写。

鲁迅先生常常在书信、书名和笔名中用到谜语。

鲁迅先生的杂文集，有一本叫作《且介亭杂文》。新中国成立前，帝国主义者在上海占有租界，在租界里，他们横行霸道，为所欲为。当时，鲁迅先生住在上海闸北，这里不是租界，但洋人依然飞扬跋扈，给他的感觉好象还是住在租界里的亭子间中。他就用"且介亭"隐射"半租界亭"，作为散文集名，与当时的社会开了一个不大不小的玩笑。

鲁迅先生的笔名中，有一个"华圉"。"圉"是"监狱"的意思，他用"华圉"作笔名，隐射的是"当时的中国就像一座大监狱"。

夏明翰以谜斥敌

夏明翰是革命烈士，著名的绝笔诗："砍头不要紧，只要主义真。杀了夏明翰，还有后来人！"就是他写的。

第一次国内革命战争时期，他在武汉中央农民运动讲习所，听到蒋介石叛变革命的消息，非常气愤，就出了一首猜四个字的诗谜让大家猜：

一车只装一斤,好个草包将军。
两个小孩相助,又请三个大人。

从表面上看,好象说的是一个草包将军,拉了一辆只装了一斤东西的车,还要请两个小孩、三个大人相助。但是它却是很巧妙的谜诗。

第一句"一车只装一斤","车"和"斤"合成"斩"字。
第二句"好个草包将军","草(艹)"与"将"合成"蒋"字。
第三句"两个小孩相助","二"和"小"合成"示"字。
第四句"又请三个大人",三个"人"字合成"众"字。
四个字合起来,就是"斩蒋示众"。

端木蕻良《红楼梦》谜

端木蕻良是当代有名的"红学"家,也是长篇小说《曹雪芹》的作者。早在三四十年代,他就对《红楼梦》有很深的研究。

1940年,他在广西桂林新开了一家川菜馆。开业那天,店主在门口贴了一张红纸,上面大书道:"本主人灯谜候教,猜中者奉送川菜一桌。"

大家都涌到川菜馆的门前,只见店堂内悬挂着一条谜语:

文 (打一《红楼梦》人名)

谜条旁边还有一段附言,说猜中此谜的人不但可以获赠川菜一桌,而且还可以获得作者亲笔题诗一首。

大家都很有兴趣地猜起来,可是等了很久,还是没有一个人能猜出来。后来,终于被一位叫陈开瑞的人猜中了。

这则谜语的谜底是"晴雯"。"晴"当然就没有"雨","雯"字去掉"雨"字,就是"文"字。

陈开瑞获得店主相赠的一桌川菜,还获得了端木蕻良的赠诗。诗是这样的:

未到巫山已有情,空留文字想虚名。
可怜一夜潇湘雨,洒上芙蓉便是卿。

这四句诗写的还是晴雯。晴雯美丽活泼、冰雪聪明，与宝玉感情很深但又冰清玉洁。他遭到王夫人的猜忌，在病中被赶出大观园，最后凄惨地死在一间破屋之中。临死之前，宝玉冒着被责斥的危险，偷偷跑出大观园，和她见了最后的一面。晴雯感叹自己没有和宝玉结合，只是"担了虚名"。她告诉宝玉，她死了以后要去做专管芙蓉花的花神。晴雯去世后，宝玉还专门写了一篇《芙蓉女儿诔》祭奠她。

佳谜赏析

佳谜赏析

孟德

 **古今佳谜赏析**

  云破月来花弄影（打字一）   谜底：能

  这是被称为"谜圣"的张启南所拟之谜。谜面是宋张先《天仙子》词中的名句。"云破"，取"厶"。"匕"是"花"字的一部分。此谜最妙的地方，是用两个"匕"重叠，来扣谜面中的"花弄影"。

  雨余山色浑如睡（打字一）   谜底：雪

  此谜也是张启南所作。此谜妙在将"雪"字下面的"彐"看作是睡倒的"山"字。曾经有人用"仅见桥头山影横"打一字，谜底是"侵"字，这里的"山影横"，也是受此启发的。

  生于不土之里，而咏无言之诗（打字一）   谜底：時

  这是苏东坡赠赵德麟的秋阳赋谜，赵德麟即赵令畤。"不土之里"，剩下"田"字；"无言之诗"，剩下"寺"字，合成"畤"字。

  目字加两点，不作贝字猜（打字一）   谜底：贺
  贝字欠两点，不作目字商（打字一）   谜底：资

  这是王安石制作的两条字谜。这两条谜的妙处在最容易忽略的"加"字和"欠"字，恰恰是谜语中非常重要的因素。王安石的这两条谜，为后代的谜语开了一条新途。后来有人用"宋字头上飞"为谜面打一字，谜底不是"木"而是"李"，就是用的这种方法，把很容易忽略的"字"字，作为重要因素来制谜的。

  左七右七，横山倒出（打字一）   谜底：妇（婦）

这则谜语也是王安石所制。以"左七右七",也就是正反两个"七"字合成"女"字。"横山"指右边"帚"上面的"彐"。剩下的部分,是一个倒过来的"出"字。整条谜语构思极为巧妙。

再见(打一词语)　　　　　　　　　　　　　　　　谜底:重视

这是用分扣法猜射的谜语。以"再"扣"重(重新)",以"见"扣"视"。但是,谜底使用了汉字一字多音多义的别解,"重"在这里要读"zhòng",意思是"轻重"的"重"。"重视"并非"再一次见面"的意思,不然,谜语就不能成立了。

春城无处不飞花(打文明礼貌用语一)　　　　　　　谜底:多谢

谜面是唐代诗人韩翃《寒食》诗中著名的诗句。此谜妙在富于联想。"飞花",指花谢,"无处不飞花"又扣"多"字。

十次肇事九次快(打《水浒》人名一)　　　　　　　谜底:徐宁

这是一条很有现实教育意义的谜语。用反扣法,许多车祸都因车速过快造成,那么,慢一点就安全得多了。

从上至下广为团结(打字一)　　　　　　　　　　　谜底:座

这是1983年中央电视台春节联欢晚会上向全国电视观众出的谜语。不仅谜面意思很好,而且构思也很巧妙。"从"字在上,加上"至下",也就是"至"字的下面部分,是一个"土"字。然后与"广"字"团结"在一起,就是谜底"座"字。此谜谜面字字不落空,实为佳谜。

年终算总帐(打五言唐诗一句)　　　　　　　　　　谜底:花落知多少

此谜也是1983年中央电视台春节联欢晚会上的谜语,妙在别解。谜底是孟浩然名诗《春晓》中的名句。本意是因为"夜来风雨声",所以诗人担心又有不少的花被风雨吹打零落了。而谜面"年终算总帐",是算一下这一年花销了多少钱,还剩下(落下)多少钱。这是非常巧妙的构思,实为不可多得的佳谜。

看文字,一半是春秋;论年代,一半在春秋(打字一) 谜底:秦

此谜也是善于联想的佳谜。这里两个"春秋",都与季节无关。前一句的"春秋",只是当作两个字来看,各取一半,则成"秦"字。后一句"春秋"指一段历史时期。秦从西戎附庸小国,到并吞山东六国,建立中央集权的秦帝国,时间跨度非常长,经历了春秋战国时期,所以说它有一半在"春秋"。

望江亭(打成语一) 谜底:近水楼台

此谜为会意谜。既然名叫"望江亭",当然是修在水边,所以射"近水楼台"非常贴切。此谜如果颠倒一下,以谜底为谜面,打戏剧名一,以谜面为底,即"《望江亭》",则更佳。

上下皆是(打国名一) 谜底:中非

谜面用别解。"是"在这里不是判断词,而是名词"正确"的意思。猜射用排除法,既然只说上、下皆"是",也就是说上、下都是正确的,言外之意,中间就是不正确的,也就是谜底"中非"。很有谜味。

孔雀东南飞(打字一) 谜底:孙

谜面是汉乐府中有名的叙事长诗的名字,"飞"字,在谜语中是一个要引起高度重视的字,它和"去""省""无""少"一类的字一样,很可能是"去掉"了某一部分什么东西的意思。这则谜语中,"飞"的意思就是"飞去""没有了"。"东""南"两个字,在猜谜

制谜中同样很重要，它们往往表明的是一个方位，有时就指某一个字中的某部分。我们已经习惯"上北，下南，右东，左西"的说法。所以"孔"字要"飞"掉的，是它的"东边"，也就是右面部分的"乚"，剩下一个"子"字。"雀"要"飞"去的，是它的南边，也就是下面的"隹"字，剩下一个"小"字。"子"字和"小"字合成"孙"字。

蒋干盗书（打电影名一）　　　　　　　谜底：《渡江侦察记》

这则谜语有趣之极，把事隔千年的两个毫不相干的故事拉到了一起。赤壁之战前夕，周瑜担心刘表手下的降将蔡瑁、张允为曹操训练水军，曹操则对周瑜和诸葛亮的才干很有顾忌。曹操手下的谋士蒋干与周瑜是同学，他自告奋勇，过长江去劝降并顺便打探吴军的虚实，结果中了周瑜之计，带回一封假书信，断送了蔡瑁、张允的性命。

无可奈何花落去（打文明礼貌用语一）　　　　　谜底：感谢

谜面是宋代词人晏殊《浣溪沙》中的名句。此谜采用分扣法，以"无可奈何"扣"感"，以"花落去"扣"谢"。而谜底又为别解。"感"是"感动"，"谢"是"道谢"。谜面用古人诗词成句，很雅。谜底内容健康，是较为成功的好谜。

紫陌红尘拂面来（打《红楼梦》人名一）　　　谜底：花袭人

此谜谜面是唐刘禹锡《游玄都观》诗中的句子。"紫陌红尘"指春天到了，路的两旁开满了各色的鲜花，下一句就是"无人不道看花回"。此谜构思最巧的地方，是以"袭"字扣"拂"。花枝"拂面"，本是无意识的事，但是作者在这里把花拟人化了，"拂面"也就解作主动袭击人了。所以谜底是"花袭人"，也就是宝玉的丫环袭人，袭人姓花，原名珍珠，"袭人"是宝玉根据陆游《村居书喜》中"花气袭人知骤暖"的诗句取的名。

一（打京剧角色四）　　　　　　　　　　谜底：生旦丑末

京剧角色行当，一般可分为生、旦、净、末、丑五类。此谜以"一"字为谜面，乍一看，几乎有无从下手的感觉。如果谜目是"猜四字"，确实无从猜射，但谜目已经限制为"京剧角色"，范围就小得多了。京剧行当角色虽然从大的方面分，是生、旦、净、末、丑，但细分还多，比如"生"，就有老生、须生、小生，甚至专指关羽戏的"红生"；再比如"旦"，就有老旦、正旦（青衣）、武旦（刀马旦）、彩旦（丑旦）等。所以不能看作只在"生、旦、净、末、丑"五个角色中猜射。此谜别解极有味道。"末"字是关键，这里是指"生、旦、丑"三个字的最"末"一笔。恰好它们都是"一"，所以与谜面扣合贴切。但在我的记忆中，我最早看见这则谜语的时候，是以"生旦丑末"作谜面，谜目是"打一字"，谜底是"一"，似乎谜味更浓一些。

多多多多（打时令名一、节令名一）　　　　　谜底：除夕　七夕

1985年《广播之友》春节有奖灯谜中有这一则谜语。据说此谜是慈禧太后所制。构思也很精巧。首先采用的是分拆法，即将四个"多"字分拆为八个"夕"字。那么"除"去了一个"夕"字，就剩下七个"夕"字，所以谜底是"除夕、七夕"。

用分拆法的谜语很多，比如有人以"森森森"为谜面打一字，谜底是"杂"，就是将谜面分拆为"九"个"木"字，再重新组合。还有以"赫赫赫赫赫"为谜面打一组织名，谜底是"红十字会"，五个"赫"字，可以分拆为十个"赤"字，也就是十个"红"字。

恨到归时方始休（打七言唐诗句）　　　谜底：人生在世不称意

此谜为菲律宾华侨灯谜爱好者所制。谜面是白居易的《长相思》，全词是：

　　汴水流，泗水流，流到瓜洲古渡头。吴山点点愁。　思悠悠，恨悠悠，恨到归时方始休。月明人倚楼。

这是写一位女子盼望丈夫归来的痴情。这里的"归"是指丈夫归

家。谜面用作别解,将"归"字解作死亡。谜底是李白《行路难》中的句子,既然"人生在世不称意",就只有离开人世才能得到解脱。谜底、谜面皆是唐人诗词名句,而又扣合得如此巧妙贴切,是不可多得的佳谜。

药丸 (打五言唐诗一句)　　　　　　　　　谜底:粒粒皆辛苦

这是一则很有趣的谜语。谜底是大家很熟悉的唐李绅《悯农》诗的诗句。原诗是这样的:

锄禾日当午,汗滴禾下土。
谁知盘中餐,粒粒皆辛苦。

原诗的意思,是大家碗中盘中的食物,粒粒都是农民们顶烈日,冒风霜,辛辛苦苦种出来的。但是,"辛"和"苦"在汉语中又表示两种味,谜底"粒粒皆辛苦"很巧妙地利用了这一点,对原诗句作了别解,变成了每一粒都是"辛"味和"苦"味的意思。什么东西是这种味道呢?反过来看一看谜面"药丸",可以说扣合得天衣无缝,而且非常有趣。

十六为君妇(打成语一)　　　　　　　　　谜底:大喜过望

谜面是著名汉乐府长诗《孔雀东南飞》里的句子。"为君妇"即是结婚,这当然是大喜之事。那么"过望"是什么意思呢?古人对每一个月中有几个特殊的日子有特殊的称呼。农历每月的第一天称"朔",最后一天称"晦",每月十五称"望"。这里把"十六为君妇"中的"十六岁"别解为"十六日",十五日是"望",十六日就是"过望"。谜面、谜底扣合贴切。

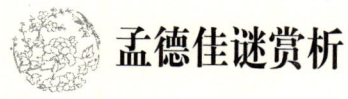
孟德佳谜赏析

勿留一手（打字一）　　　　　　　　　　　　　谜底：扬

此谜从谜面上讲，是不要留一手，本来是指师傅教徒弟，或者在工作或交往中不要藏私，应尽全力。这里运用别解，"留一手"，就是把"一"和"手（扌）"留下，再与"勿"字相配，就成了"扬"字。此谜妙在将"扬"字右边的"㐅"分拆为"一"和"勿"。

独生子女家庭（打字一）　　　　　　　　　　　谜底：品

我国的人口政策，是主张计划生育，一对夫妇只生一个小孩，所以，现在许多家庭只有三口人。在古代，男子被称为"丁"，比如旧社会抓壮丁，就是抓壮年男子，女子被称为"口"。"口"字又可以作为量词，如"一口井""一口水"等，也可以用作人数的统计，"独生子女家庭"就是"三口多家"，三个"口"字，合成一个"品"字，就是谜底。

护竹何劳荆杞（打字一）　　　　　　　　　　　谜底：笠

此谜谜面是郑板桥题画六言诗《篱竹》中的一句。全诗是这样的：

　　一片绿荫如洗，护竹何劳荆杞。
　　仍将竹作笆篱，求人不如求己。

郑板桥画兰竹，多有兴寄，这一幅"篱竹"，所要表现的，是他"求人不如求己"的傲岸。谜面"护竹何劳荆杞"的下一句是"仍将竹作笆篱"，用竹编成篱笆，也就是把竹一根根地插立在竹林的周围，把

"竹"和"立"合起来,就是谜底。

杀青(打字一)　　　　　　　　　　　　　　　　谜底:竿

什么叫"杀青"?古时候没有纸,文章是写在绢帛或者竹简(也有少数木简)之上的。所谓"竹简",就是把竹制成长短、大小、厚薄一致的竹片,写上文字后,用绳穿起来,"书册"的"册"字就是这样来的。但是,新砍伐的竹有汁,干了以后会变形,而且容易生虫朽坏,所以在书写之前,要把竹片放到火上烤干,烘出汁水,就叫"杀青"。《后汉书·吴佑传》:"恢欲杀青简以写经书。"李贤《注》:"杀青者,以火炙简令汗,取其青易书,复不蠹,谓之杀青,亦谓汗简。"所以,竹简又称"汗简"或"汗青",又以"汗青"代书。文天祥《过零丁洋》诗中千古传诵的名句"人生自古谁无死,留取丹心照汗青",就是以"汗青"代史册。所以"杀青",就是把"竹"片烤"干"的意思。"竹"和"干"合起来,就是"竿"字。

玄之又玄(打字一)　　　　　　　　　　　　　　谜底:兹

这一则谜语,谜面是老子《道德经》中的一句。《道德经》第一章最后就说:"玄之又玄,众妙之门"。但是,我们并不是从老子书中的哲学意思去分析猜想的,如果那样,才真是"玄之又玄"了。其实此谜的妙处,就在把看似复杂的问题简单化了,"玄之又玄",关键在"又玄"二字,也就是再有一个"玄"字的意思,两个"玄"字合在一起,不就是"兹"字吗?

到黄昏点点滴滴(打字一)　　　　　　　　　　　谜底:洒

谜面是李清照著名的《声声慢》中的句子,上一句是"梧桐更兼细雨"。那么,这"点点滴滴"的,就是雨。"点点滴滴",说明雨并不大,所以有人也以此谜面打气象术语一,谜底是"晚间有零星小雨"。我的这一则谜语,以"氵"扣"点点滴滴"的雨,再以"西"扣"黄昏"(在谜语中,因为傍晚太阳是从西边落下的,所以"西"一般可以表示"黄昏""日之夕矣"一类的意思），可谓丝丝入扣。

甲乙丙丁（打字一）　　　　　　　　　　　　谜底：杰

乍一看，谜面和谜底还真是一点关系都没有。但是"甲乙丙丁"一类的字，是在猜谜和制谜中要引起高度重视的字，因为它们同属"天干"，因此就会产生许多"别解"。从前面的表格（P99）中，我们可以看到，"甲乙"在"五行"属"木"，"五方"属"东"，"五色"属"青"，"五音"属"角"等；"丙丁"在"五行"属"火"，"五方"属"南"，"五色"属"红"，"五音"属"徵"等。我们把它们的这些属性剔选一下再组合，"甲乙"属"木"和"丙丁"属"火"，"木"和"火（灬）"可以组合成"杰"字，也就是谜底。

朋友去了又一月（打字一）　　　　　　　　　谜底：有

猜这样的谜语，一定要细心，有一些很容易忽略的字，要引起高度的重视。这则谜语中，最容易忽略的字是"又"字。而这个字，恰恰是猜这则谜语的关键。此谜的妙处也正在此。"朋友去了又"是一层意思，是说朋友的"友"字，去了"又"，剩下一个"　"，加上一个"月"字，就是谜底"有"字。

混沌（打《水浒》人物绰号一）　　　　　　　谜底：没面目

这个谜的谜面，在古代含了好几个意思，一个是盘古开天劈地之前世界的样子，徐整《三五历记》说那时候是"天地混沌如鸡子（即'鸡蛋'）"。一个是《山海经》和《神异记》中记载的一种神物，"其状如黄囊，赤如丹火，六足四翼，浑敦无面目，是识歌舞，实惟帝江也。"浑敦即混沌。一是《庄子·应帝王》王中所说的"中央之帝"。《应帝王》说："南海之帝为儵，北海之帝为忽，中央之帝为浑沌（即'混沌'）。儵与忽时相与遇于浑沌之地，浑沌待之甚善，儵与忽谋报浑沌之德。曰：'人皆有七窍，以视听食息，此独无有，尝试凿之。'日凿一窍，七日而浑沌死。"《山海经》和《庄子》中的"混沌"都是无面目，也就是没有七窍。所以谜底就是"没面目"，就是《水浒》中梁山好汉中焦挺的绰号。

解道醒来无味（打《西厢》一句）　　（准备着被儿、枕儿，只索昏昏沉沉的睡）

这则谜语的谜面是号称清代第一词人的纳兰性德的《如梦令》中的句子，前面还有"还睡，还睡"两句，为什么说"还睡，还睡"呢？是因为醉梦中醒来，引起了浓浓的乡思，但是"归梦隔狼河"，就连这"归梦"，"又被河声搅碎"，所以，才会感到"解道醒来无味"，而发出"还睡，还睡"的感叹。这和《西厢记》中崔莺莺在张生在老夫人的威逼下进京赶考之后，百无聊赖中感叹"准备着被儿、枕儿，只索昏昏沉沉的睡"如出一辙，谜面谜底扣合得天衣无缝，而且谜面谜底都是词曲中的名句，堪称佳谜。

王夫人醒也（打《西厢记》一句）　　谜底：松了金钏

谜底是《西厢记·长亭送别》〔滚绣球〕中的句子，上下句是"听得到一声'去也'，松了金钏；遥望见十里长亭，减了玉肌"。这是崔莺莺在与张生分别时候的心情夸张的描写。"金钏"是戴在手上的首饰，"松了金钏"，是说人瘦了，和下句"减了玉肌"是一个意思。这和谜面"王夫人醒也"有什么联系呢？看过《红楼梦》的人都知道，王夫人身边有一个丫环就叫"金钏"。《红楼梦》第三十回《宝钗借扇机带双敲　龄官划蔷痴及局外》中描写宝玉到母亲王夫人房中，王夫人正在凉榻上睡觉，宝玉就和金钏说笑，宝玉说等王夫人醒了，就去向她讨金钏。金钏笑着说："你忙什么，金簪子掉在井里头，有你的只是你的。"刚说到这里，王夫人翻身起来就给了金钏一巴掌，宝玉一看王夫人醒了，忙松开了金钏，一溜烟跑了。后来，金钏跳了井。我这样解说以后，相信大家对谜面和谜底的扣合不会再有什么疑问了吧。谜面中的隐含的"金钏"是人，而谜底中的"金钏"是物，这样，就构成了别解。

闺中少妇不知愁（打歌名一）　　谜底：《初次尝到寂寞》

谜面是唐王昌龄著名的《闺怨》诗中的句子,全诗是这样的:

闺中少妇不知愁,春日凝妆上翠楼。
忽见陌头杨柳色,悔教夫婿觅封侯。

诗中描写的,是一位夫婿出去"觅封侯"的少妇。她既没有丈夫边关征战的担忧,也没有家境贫寒的苦闷,她的心情是愉快的,只是在春日登楼,看到大好的春光,也许还看到春光中的对对情侣,忽然生出了一点点淡淡的失落,第一次感到一丝丝寂寞。所以和谜底《初次尝到寂寞》扣合得非常贴切。

转朱阁,低绮户(打七言唐诗一)　　　　谜底:可怜楼上月徘徊

谜面是苏轼著名的咏月词《水调歌头》中的句子,描写月光从朱阁绮户流过,非常经典,非常传神。谜底是唐张若虚著名的《春江花月夜》中的句子,也是描写月光从妆楼流过的名句,谜面和谜底扣合贴切,一字不易。最难得的,是谜面谜底都是名诗名词中的名句。

遗腹子(打中药名一)　　　　　　　　　谜底:知母

这则谜语,猜出来之后其实很简单,遗腹子,是指还没有出生,父亲就已经死了的人,所以,他们只知道母亲,不知道父亲,扣合谜底"知母",一字不移。

丞相祠堂何处寻(打外国城市名一)　　　谜底:柏林

这是一则问答式的佳谜。谜面是杜甫著名的《蜀相》中的句子。杜甫流寓成都,居住在西郊浣花溪畔的草堂,这里离武侯祠不远,杜甫去武侯祠凭吊诸葛亮,写下了这首著名的七律。诗一开头就说"丞相祠堂何处寻",他自己马上就说出了答案:"锦官城外柏森森"。丞相祠堂就在那一片柏树森森的柏树林中。成都武侯祠的柏树,一直到现在都还高大苍翠。谜底柏林,德国的首都,本来和丞相祠堂是风马牛不相及

的，便是，就是这一片柏树林，把它们联在了一起，构成一则佳谜。

扑满（打银行术语一）　　　　　　　　　　　谜底：零存整取

　　扑满是什么东西，就是我们现在说的存钱罐。现在的存钱罐，上面有一条缝，可以把钱塞进去，却不能取出来，但是，在罐的底部有一个洞，有塞子塞住，只要把塞子扒掉，就可以把钱取出来。但是古时候的存钱罐——扑满却不是这样的，它只有一条缝，可以把钱塞进去，但是没有洞，不能把钱拿出来。等到扑满装满以后，到需要把钱取出来的时候，只能把它打碎，这也就是"扑满"名字的来由。扑满中的钱是一点点放进去的，而取的时候是全部取出的，所以扣合谜底"零存整取"非常贴切。

孟德制谜

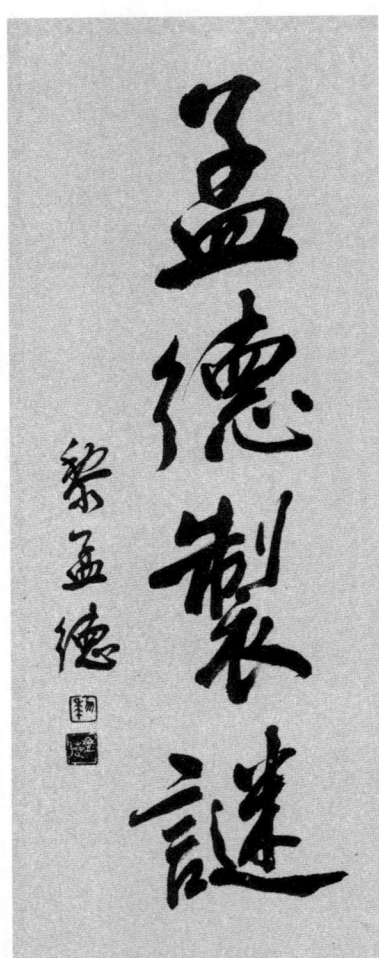

字谜

柳絮随风轻飏,风住也,飘落杏花林南,茶花林北,桃花林东　　　　（杨）
又送王孙去,萋萋满别情　　　　　　　　　　　　　　　　　　　　（菁）
侍儿留言人外出　　　　　　　　　　　　　　　　　　　　　　　　（诗）
勿留一手　　　　　　　　　　　　　　　　　　　　　　　　　　　（扬）
语焉不详　　　　　　　　　　　　　　　　　　　　　　　　　　　（谜）
玺　　　　　　　　　　　　　　　　　　　　　　　　　　　　　　（璋）
令爱　　　　　　　　　　　　　　　　　　　　　　　　　　　　　（耍）
坟场上卖花椒　　　　　　　　　　　　　　　　　　　　　　　　　（魔）
化缘　　　　　　　　　　　　　　　　　　　　　　　　　　　　　（掌）
三足乌　　　　　　　　　　　　　　　　　　　　　　　　　　　　（音）
独生子女家庭　　　　　　　　　　　　　　　　　　　　　　　　　（品）
家破人亡　　　　　　　　　　　　　　　　　　　　　　　　　　　（笑）
茶　　　　　　　　　　　　　　　　　　　　　　　　　　　　　　（莘）
张羽煮海　　　　　　　　　　　　　　　　　　　　　　　　　　　（每）
有一点象玉　　　　　　　　　　　　　　　　　　　　　　　　　　（王）
狼　　　　　　　　　　　　　　　　　　　　　　　　　　　　　　（大）
青眼聊为美酒横　　　　　　　　　　　　　　　　　　　　　　　　（四）
天倾西北　　　　　　　　　　　　　　　　　　　　　　　　　　　（夭）
长短颠倒未　　　　　　　　　　　　　　　　　　　　　　　　　　（末）
甩干机　　　　　　　　　　　　　　　　　　　　　　　　　　　　（法）
避孕成功　　　　　　　　　　　　　　　　　　　　　　　　　　　（乃）
割下猴头　　　　　　　　　　　　　　　　　　　　　　　　　　　（甲）
行尸走肉　　　　　　　　　　　　　　　　　　　　　　　　　　　（尺）
落潮　　　　　　　　　　　　　　　　　　　　　　　　　　　　　（朝）
小我　　　　　　　　　　　　　　　　　　　　　　　　　　　　　（悟）
粮草不继　　　　　　　　　　　　　　　　　　　　　　　　　　　（糯）
制陶　　　　　　　　　　　　　　　　　　　　　　　　　　　　　（灶）

齐桓公	（怕）
浪子燕青	（忆）
杀猪	（刻）
妇女节	（兰）
冷难着	（铱）
稍息	（介）
丈夫	（食）
玄之又玄	（兹）
分赃不平	（铮）
工资	（钥）
护竹何劳荆杞	（笠）
杀青	（竿）
篮球队员	（篙）
一门三鼎甲	（管）
残汤剩水	（馀）
一年几见月当头	（小）
光头	（小）
三十天	（肖）
稻	（类）
军粮	（粹）
入	（囚）
曾头其脚	（八）
莲心	（车）
草上飞	（早）
睫	（眊）
连珠箭	（弗）
喙	（鸣）
包产到户	（略）
闭嘴	（哈）
《雉子班》	（鹦）
饮水	（嗌）
掀去危楼顶	（厄）

错比日月	(脂)
源头枯竭	(原)
白马	(骓)
十斗	(后)
少无适俗韵	(岳)
一错再错	(爻)
品评人物	(胆)
夜发清溪向三峡	(腮)
日脚下平地	(且)
徽宗钦宗	(坚)
独生子	(几)
到黄昏点点滴滴	(洒)
野战格斗死，败马号鸣向天歌	(骟)
良心丧尽	(艮)
借得假芭蕉扇	(飚)
变相	(柬)
分开用	(朋)
一半在天，一半在地，既不是我，也不是你	(他)
十	(思)
柳暗花明	(树)
皇帝	(全)
我	(体)
编辑上门	(救)
军队和老百姓	(渔)
醒来不见娇儿面	(学)
砖瓦陶瓷	(城)
语焉不详	(谜)
上一章	(童)
望	(胖)
童养媳	(一)
早上阴	(一)
玺	(璋)

天沟	（露）
屋漏痕	（露）
顺东边走	（川）
令爱	（耍）
兔子哥哥	（兑）
天南地北	（夫）
老向下弯	（考）
加一句	（旬）
阿里山的姑娘	（始）
高车驷马	（辍）
妻子	（肉）
一尺一	（寺）
刀叉	（刈）
上树	（橙）
草头天子	（茎）
二万	（芊）
蓍	（苦）
墨斗	（植）
以彼径寸茎，荫此百尺条	（菘）
山崩	（朋）
爿片	（枌）
梦断春日	（舂）
石头人	（大）
一夜春雨足，田中禾苗壮	（蕾）
举目无亲	（笙）
钱丢了	（铁）
空谷足音	（侄）
刀枪相见	（划）
都城失守	（或）
碟浅难盛水	（盏）
狠一点	（狼）
跛卒守城	（戍）

做贼人半路又遇强盗	（戎）
暑天不向火	（执）
儿臂	（拗）
兄弟	（捉）
御虱	（蝗）
撼山易	（扫）
猪嘴	（咳）
甲乙丙丁	（杰）
长言	（日）
璞	（国）
潺潺流水	（屄）
井栏崩摧	（开）
天干首尾	（孩）
火炎昆冈	（礁）
秦俑	（碎）
起驾	（珩）
孙悟空	（砷）
一个儿子也没有	（了）
天倾西北	（禿）
地牢	（齿）
天雨粟	（粜）
上不见下，下不见上	（卜）
零售	（胈）
牛头马面打起来	（魁）
他失踪了	（也）
彭祖	（俦）
挽弓当挽强，用箭当用长	（张）
八百里骏	（牯）
谷	（峡）
线团	（纥）
蚕蛹	（纳）
传记	（使）

蜗牛	（触）
沐猴而冠带	（绅）
植树造林	（堡）
黄昏	（明）
老艄公	（艘）
之乎者也焉哉	（欤）
各人把脚缩回去	（名）
空头	（实）
狗洞	（突）
H_2，O_2	（浙）
淮水东边旧时月	（湖）
龙袍	（裙）
八十一天	（查）
武皇开边意未已	（扩）
朋友去了又一月	（有）

成语谜

坤（――）	（一分为二）
松紧	（一张一弛）
翁仲	（一窍不通）
丛	（席地而坐）
瀑布	（高山流水）
工农兵学	（五音不全）
伥	（率兽食人）
福尔摩斯假死（系铃格）	（东躲西藏）

词语谜

锣钹钟铙（卷帘格）（俗语）	（敲边鼓）
捺（俗语）	（八字没有一撇）
第一课	（才学）
桑叶	（蚕食）
漏斗	（底细）
昱	（音调）
崽	（畜生）
谅解	（北京话）

人名谜

应是绿肥红瘦（素腰格）（现代作家名一）	（叶君健）
湿（求凰格）（古人名一）	（比干）
星（古神话人物名一）	（羲和）
飔（古神话人物名一）	（飞帘）
遥知兄弟登高处，遍插茱萸少一人（近代作家名一）	（鲁迅）
量这些大小车儿如何载得起（粉底格）（外国运动员名一）	（马拉多纳）
李亚仙刺目劝读（外国运动员名一）	（佐夫）
学而优则仕（运动员名一）	（王励勤）
平定"安史之乱"（运动员名一）	（李宁）
规矩（歌星名一）	（成方圆）
龙（港台歌星名一）	（龙飘飘）
诸吕伏法（歌星名一）	（刘欢）
杨玉环求凰格（演员名一）	（李金斗）

触龙趋见威后，屈原降得嘉名（运动员名一） （徐寅生）
部队发令靠什么（梨花格）（唐诗人名一） （崔颢）
唐皇猜谜（唐诗人名） （李商隐）

《三国演义》人名谜

扈江离与辟芷兮，纫秋兰以为佩（白头格、素腰格） （孙尚香）
制曰"可" （王允）
时时误拂弦（粉底格） （周瑜）
鸡蛋上的苍蝇（梨花格） （丁逢）
对外开放（虾须格） （何进）
《道德经》 （李典）
枪决（秋千格） （法正）
鸡蛋（粉底格） （黄忠）
飞临 （张达）
天子所张 （黄盖）
一夜飞渡镜湖月（白头格） （孟达）
乃公居马上而得之 （武安国）

《水浒传》人名谜

牛头马面（绰号一） （鬼脸儿）
桃花源里人（粉底格） （秦明）
混沌（绰号一） （没面目）
春与秋其代序 （时迁）
白马坡前诛文丑，在古城曾斩过老蔡阳的头。 （关胜）

泪飞顿作倾盆雨（粉底格）（天罡地煞名一）	（天伤星）
出郭相扶将	（迎儿）
动物怪胎（绰号二）	（两头蛇、双尾蝎）
敬德求医（下楼格）（绰号一）	（病尉迟）

《红楼梦》人名谜

以花比美人（粉底格）	（妙玉）
和氏璧（白头格）	（甄宝玉）
保外就医（白头格）	（贾赦）
蛇腹、断纹、峰阳、焦尾（语出《西厢记》）	（宝琴）
火烧云	（彩霞）
拂了一身还满	（扫红）
护花使者	（芳官）
原来姹紫嫣红开遍，似这般都付与断井残垣	（花自芳）
唐明皇粉墨登场（掉头格）	（王君效）
妃	（王夫人）
金步摇	（宝钗）

《聊斋志异》篇名谜

李寄除怪	（《斫蟒》）
天阴雨湿声啾啾	（《鬼哭》）
白日飞升	（《成仙》）
春风又绿江南岸（虾须格）	（《董生》）
泥菩萨	（《庙鬼》）

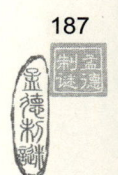

南京好	（《金陵女子》）
坟场告示	（《喻鬼》）
纱厂监工	（《促织》）
人或为鱼鳖	（《水灾》）
付	（《小人》）
红娘子	（《绛妃》）
请端公	（《跳神》）
巨龟（下楼格）	（《八大王》）
汉皇（秋千格）	（《刘姓》）
蓬莱	（《仙人岛》）
入不敷出	（《赤字》）
吕雉	（《刘夫人》）
三国归晋（下楼格）	（《王司马》）
白金	（《素秋》）
庶出	（《姬生》）
陌上柔桑破嫩芽	（《叶生》）
甘罗十二为上卿	（《小官人》）
百里奚	（《五羖大夫》）
暗河（白头格）	（《钱流》）
张郃	（《河间生》）

以《聊斋》射《聊斋》

《鬼作筵》　　　　　　　　　　　　（《阎罗宴》）

《西厢记》谜

解道醒来无味	（准备着被儿、枕儿，只索昏昏沉沉的睡）
岂无膏沐，谁适为容	（有甚么心情花儿、靥儿，打扮的娇娇滴滴的媚）
人憔悴	（清减了小腰围）

促膝谈心	（腿儿相挨）
香车系在谁家树	（知他今宵宿在哪里）
弦断有谁听	（不遇知音者）
君去几时回	（未登程先问归期）
断肠人在天涯	（鞍马秋风里）
单恋	（相思只自知）
为官清廉	（不受人情）
病入膏肓	（断然难活）
油盐柴米俱无	（俺一家儿怎得存活）
承天寺夜游	（莫负月华明）
收到家信	（开拆封皮孜孜喜）
婴儿詈老	（小孩儿家口没遮拦）
远别离	（从今后相会少，见面难）
附耳过来	（怕有人听俺说话）
一肚子男盗女娼	（心不存学海文林）
布衾多年冷似铁	（冻得来战战兢兢）
太公遇文王	（恨相见得迟）
王夫人醒也	（松了金钏）
西风昨夜过园林	（黄叶纷飞）
《新婚别》（露春格）	（昨日成亲，今日别离）
行不由径	（走荒郊旷野）
春与秋其代序	（花开花落）
游人去	（只闻得雀鸟喧）
吊者	（穿一套缟素衣裳）
不合两个黄鹂鸣翠柳（露春格）	（怪黄莺儿成双）
夜来风雨声	（乱纷纷落红满径）
妓	（卖俏倚门儿）
床前明月光	（满地霜华）
伤风还被冷雨淋	（又与我添些儿症候）
不料这偷儿竟中了状元（露春格）	（谁承想跳东墙脚步儿占了鳌头）
骨头	（但黏着他皮肉）
橘子洲头，看万山红遍	（湘江两岸秋）

待到重阳日，还来就菊花　　　　　　　　　　　（约定九月九）
盘古开天地　　　　　　　　　　　　　　　　　（两仪初分）

以《西厢》射《西厢》
小姐呵，你不合临去也回头儿望（露春格）（怎敌他临去秋波那一转）
孤眠况味（露春格）　　　　　　　　　　　　（枕头儿上孤零）

 ## 词牌名谜

上穷碧落下黄泉，两处茫茫皆不见　　　　　　（《惜分飞》）
桃花汛　　　　　　　　　　　　　　　　　　（《一江春水》）
十户中人赋　　　　　　　　　　　　　　　　（《一丛花》）
孙孙　　　　　　　　　　　　　　　　　　　（《好女儿》）
徐妃妆　　　　　　　　　　　　　　　　　　（《一痕眉碧》）
中秋聚会　　　　　　　　　　　　　　　　　（《人月圆》）
丛　　　　　　　　　　　　　　　　　　　　（《人在楼上》）
十万八千零八天（露春格）　　　　　　　　　（《十八香》）
10/8　　　　　　　　　　　　　　　　　　　（《十拍子》）
汉苑三月　　　　　　　　　　　　　　　　　（《上林春》）
已为捷足者先登　　　　　　　　　　　　　　（《下手迟》）
笑煞美猴王　　　　　　　　　　　　　　　　（《大圣乐》）
春风江上路　　　　　　　　　　　　　　　　（《山溪满路花》）
觅　　　　　　　　　　　　　　　　　　　　（《不见》）
彩袖殷勤捧玉盅　　　　　　　　　　　　　　（《不怕醉》）
秦统一中国　　　　　　　　　　　　　　　　（《六国朝》）
远行不劳吉日出　　　　　　　　　　　　　　（《太平时》）
朝发白帝，暮至江陵　　　　　　　　　　　　（《下水船》）
喜结良缘　　　　　　　　　　　　　　　　　（《于飞乐》）
庶出　　　　　　　　　　　　　　　　　　　（《小重山》）

长安水边三月三　　　　　　　　　　（《多丽》）

婚期将至　　　　　　　　　　　　　（《好事近》）

和妈妈长得一模一样　　　　　　　　（《似娘儿》）

哭向金陵　　　　　　　　　　　　　（《哀江南》）

金水桥边散步　　　　　　　　　　　（《御街行》）

莫教官袍被酒污　　　　　　　　　　（《惜红衣》）

净瓶长供　　　　　　　　　　　　　（《杨柳枝》）

夕阳方照桃花坞　　　　　　　　　　（《满江红》）

姹紫嫣红开遍（上楼格）　　　　　　（《满庭芳》）

紫陌红尘拂面来　　　　　　　　　　（《满路花》）

曲牌名谜

字字珠玑　　　　　　　　　　　　　〔文如锦〕

垄　　　　　　　　　　　　　　　　〔九条龙〕

衣锦　　　　　　　　　　　　　　　〔脱布衫〕

同学（下楼格）　　　　　　　　　　〔伴读书〕

长江不应满，是侬泪如许　　　　　　〔怨别离〕

大士手中　　　　　　　　　　　　　〔净瓶儿〕

大慈大悲，救苦救难（下楼格）　　　〔好观音〕

锦城丝管日纷纷，半入江风半入云　　〔天上谣〕

女婿　　　　　　　　　　　　　　　〔一半儿〕

桃荷菊梅　　　　　　　　　　　　　〔四季花〕

青　　　　　　　　　　　　　　　　〔十二月〕

已是悬崖百丈冰，犹有花枝俏　　　　〔雪里梅〕

招客饮　　　　　　　　　　　　　　〔酒旗儿〕

借来东海水，整治了花果山　　　　　〔大圣乐〕

唐诗名句谜

已诉征求贫到骨（杜甫五言一）　　　　　　　　　　（妇啼一何苦）
只恐花睡去（杜甫五言一）　　　　　　　　　　　　（夜阑更秉烛）
昭君出塞（五言一）　　　　　　　　　　　　　　　（美人适远方）
夕阳无限好，只是近黄昏（五言一）　　　　　　　　（日暮长太息）
乘桴浮于海（陈子昂五言一）　　　　　　　　　　　（世道不相容）
桃之夭夭（陈子昂五言一）　　　　　　　　　　　　（灼灼佳人姿）
惆怅春归去（陈子昂五言一）　　　　　　　　　　　（但恨红芳歇）
伏兵齐出（陈子昂五言一）　　　　　　　　　　　　（拔剑起蒿莱）
石佛（陈子昂五言一）　　　　　　　　　　　　　　（雕刻以为尊）
胡（唐诗半句）　　　　　　　　　　　　　　　　　（秦时明月）
兔从狗窦出，雉从梁上飞（杜甫五言一）　　　　　　（室中更无人）
晴空万里（李白五言一）　　　　　　　　　　　　　（青天无片云）
万山红遍（五言一）　　　　　　　　　　　　　　　（树树皆秋色）
转朱阁，低绮户（七言一）　　　　　　　　　　　　（可怜楼上月徘徊）
随君直到夜郎西（七言一）　　　　　　　　　　　　（愿逐月华流照君）
今宵酒醒何处（五言一）　　　　　　　　　　　　　（维舟绿杨岸）

歌名、书名、影视剧名谜

马革裹尸英雄事，纵死犹令侠骨香（歌名一）　（《血染的风采》）
秋水共长天一色（歌名一）　　《清粼粼的水，蓝格莹莹的天》）
静女其姝，俟我于城隅。爱而不见，搔首踟蹰（电影名一）
　　　　　　　　　　　　　　　　　　　（《被爱情遗忘的角落》）
《还魂记》（世界名著一）　　　　　　　　　　　（《复活》）

《王贵与李香香》（电影名一）　　　　　　（《田园情侣》）
留下一片白茫茫大地真干净（歌名一）　　　（《一无所有》）
子房拾履，尾生抱柱（电影名一）　　　　　（《大桥下面》）
霜刃未曾试（电视连续剧名一）　　　　　　（《亮剑》）
《三套车》（外国歌曲名一）　　　　　　　（《马车夫之歌》）
《分开怎能活下去》（歌曲名一）　　　　　（《离不开你》）
弄潮儿（歌曲名一）　　　　　　　　　　　（《水上人》）
摇篮曲（歌曲名一）　　　　　　　　　　　（《妈妈的歌》）
随君直到夜郎西（歌曲名一）　　　　　　　（《月亮代表我的心》）
闺中少妇不知愁（歌曲名一）　　　　　　　（《初次尝到寂寞》）
《新婚别》（歌名一）　　　　　　　　　　（《丈夫去当兵》）

中药名谜

泥石流（蝉蜕格）　　　　　　　　　　　　（丹皮）
风吹草低见牛羊（燕尾格）　　　　　　　　（青蒿）
五月无雨旱风起　　　　　　　　　　　　　（夏枯草）
枫叶秋瑟瑟，只在浅水边　　　　　　　　　（漏芦）
边兵（系铃格）　　　　　　　　　　　　　（车前）
贮之黄金屋（粉底格）　　　　　　　　　　（阿胶）
举杯邀明月（秋千格、系铃格）　　　　　　（人参）
黑人　　　　　　　　　　　　　　　　　　（肤青）
木偶（中药名二，粉底格）　　　　　　　　（桃仁，杏仁）
大旱之望云霓　　　　　　　　　　　　　　（射干）
遗腹子　　　　　　　　　　　　　　　　　（知母）
上下贯通　　　　　　　　　　　　　　　　（贝母）
艸　　　　　　　　　　　　　　　　　　　（通草）
太守衙内　　　　　　　　　　　　　　　　（使君子）
甘　　　　　　　　　　　　　　　　　　　（三七）

地名、国名谜

妻私我，妾畏我，客有求于我（粉底格）（世界地名一）	（美洲）
丞相祠堂何处寻（外国城市名一）	（柏林）
飞来峰（国名一）	（新加坡）
云霞出海曙（中国地名一）	（丹东）
帻（中国地名一）	（包头）
二（我国行政区划一）	（云南省）
二水中分白鹭洲（四川地名一）	（双流）

其他类谜

精（食品一）	（黑米）
脱毛（秋千格、徐妃格）（物质一）	（玻璃）
推出午门问斩（医学术语一）	（开刀）
灌溉渠（医学术语一）	（引流）
道不行，乘桴浮于海（《诗经》篇名一）	（《二子乘舟》）
君子远庖厨（诗歌名一）	（《离骚》）
夫妻推磨（文艺名一）	（二人转）
黄土高原（《西游记》地名一）	（平顶山）
羌戎（乐器名一）	（二胡）
日中（节日名一）	（端午）
呱呱坠地（《三字经》一句）	（人之初）
望闻问切之后干什么（数学术语一）	（开方）
边线（求凰格）（数学名词一）	（对顶角）
妇女节（气象名词）	（下雪）
扑满（银行术语一）	（零存整取）